Reichsgerichts-Entscheidungen
in kurzen Auszügen

Zivilsachen — Band 163

1941
J. Schweitzer Verlag, Berlin und München

Reichsgerichts-Entscheidungen

in kurzen Auszügen

Zivilsachen Band 163

1941

J. Schweitzer Verlag, Berlin und München

Printed in Germany

Druck von Dr. F. P. Datterer & Cie., Freising-München.

Von dieser Sammlung erschienen folgende Bändchen:

I. Zivilsachen:	Bd. 76—100	. . .	je	RM.	0.80
	„ 101—140	. . .	je	RM.	1.—
	„ 141—155	. . .	je	RM.	2.—
Serien:	„ 76—155	mit 3 Reg.	zus.	RM.	76.—
	„ 81—155	83—119 120—130	zus.	RM.	71.—
	„ 91—155	131—140	zus.	RM.	61.—
	„ 101—155		zus.	RM.	53.—
	„ 111—155		zus.	RM.	43.—
	„ 121—155	mit 4 Reg.	zus.	RM.	33.—
	„ 131—155	mit 4 Reg.	zus.	RM.	28.—
Gesamtregister zu	Bd. 83—119	. . . .		RM.	6.—
Gesamtregister zu	Bd. 120—130	. . . .		RM.	1.80
Gesamtregister zu	Bd. 131—140	. . . .		RM.	1.50
Gesamtregister zu	Bd. 141—150	. . . .		RM.	1.50
II. Strafsachen:	Bd. 45—55	. . .	je	RM.	0.80
	„ 56—64	. . .	je	RM.	1.—
	„ 65—72	. . .	je	RM.	2.—

Serie: Bd. 45—72 mit Ges.-Reg. zu Bd. 45—60 zus. RM. 29.—

Gesamtregister zu Band 45—60 . . . . RM. 3.70

Jedes Bändchen entspricht einem Bande der amtlichen Sammlung.

1. **Veräußerung eines Geheimverfahrens. Mängelhaftung. Lizenzvertrag.** (BGB. §§ 306, 320 ff., 434, 440, 443, 459 ff.) Ein Chemiker stellte ein Pulver her, das zur Bereitung von Fruchtgelee diente. Den Vertrieb besorgte eine G. m. b. H., deren Geschäftsführer der Chemiker wurde. Für das Pulver wurde das Warenzeichen „Frutapekt" eingetragen. Die G. m. b. H. veräußerte das Herstellungs- und Vertriebsrecht für das Pulver mit dem Warenzeichen an eine Aktiengesellschaft. Die Gegenleistung bestand in einer Abgabe von 2½ Pfg. für jede abgesetzte Packung Frutapekt, worüber monatlich Abrechnung zu stellen war. Die Aktiengesellschaft verpflichtete sich, den Geschäftsführer der G. m. b. H. während bestimmter Zeit in ihre Dienste zu nehmen; die Vergütung von monatlich 600 *RM* sollte auf die Gegenleistung angerechnet werden. Der Geschäftsführer sollte verpflichtet sein, die Herstellung des Pulvers bei der Aktiengesellschaft einzurichten und solange zu überwachen, bis sie von ihren Angestellten selbständig weitergeführt werden konnte. Nach einem Jahr stellte die Aktiengesellschaft die Herstellung des Pulvers ein und lehnte auch die Zahlung der bisher fällig gewordenen Gegenleistung ab. Die Klage der G. m. b. H. auf die Gegenleistung drang in zwei Rechtszügen durch. Das Reichsgericht verwies die Sache zurück. Die beklagte Aktiengesellschaft hatte sich auf Nichtigkeit des Vertrags berufen, da die Herstellung des Pulvers gegen ein Patent verstoße, die Erfüllung des Vertrags also unmöglich sei. Diese Auffassung traf nicht zu. Greift ein zur ausschließlichen Verwertung überlassenes Geheimverfahren so unmittelbar in ein bei Vertragsschluß bestehendes Patent ein, daß es dadurch in vollem Umfang bekannt geworden ist, so wird in der Regel Nichtigkeit des Vertrags gegeben sein, weil alsdann dem Veräußerer die Erfüllung seines Versprechens wegen des Neuheitsmangels nicht möglich ist. So lag die Sache hier nicht. Es kam nur ein Leistungsunvermögen wegen entgegenstehender Schutzrechte in Betracht, wenn deren Inhaber die Benutzung des Verfahrens oder den Vertrieb des Erzeugnisses nicht gestattete. Wieweit der Veräußerer bei einem Vertrag, der auf die entgeltliche Überlassung eines ungeschützten Verfahrens zur ausschließlichen Verwertung gerichtet ist, für Rechtsmängel haftet, ist streitig. Den Feststellungen des Berufungs-

gerichts war zu entnehmen, daß nach der besonderen Sachlage Rechtsmängelansprüche der beklagten Gesellschaft nicht bestanden; die Gründe hiefür sind nicht veröffentlicht. In Frage kam aber, ob nicht eine Haftung für Sachmängel anzunehmen war. Der Vertrag kam nach seiner ganzen Gestaltung einem Lizenzvertrag sehr nahe. Die Eigenart solcher Verträge, bei denen nur von einem kaufähnlichen Geschäft gesprochen werden kann, läßt grundsätzlich die Anwendung der nachgiebiges Recht enthaltenden Vorschriften nicht zu, die für die Sachmängelhaftung des Verkäufers beweglicher Sachen gegeben sind. Es muß im einzelnen Falle auf Grund der Vereinbarungen der Vertragsteile unter Heranziehung aller für die Auslegung in Betracht kommenden Umstände ermittelt werden, ob und unter welchen Voraussetzungen der Veräußerer eines Geheimverfahrens für Mängel haftet, die sich auf die Ausführbarkeit und Brauchbarkeit des Verfahrens beziehen. Bejaht man eine solche Haftung, so ist dafür Voraussetzung, daß der Mangel der übertragenen Berechtigung sich auf eine Sache bezieht. Das trifft nur für das Enderzeugnis zu. Aber auch bei Mängeln, welche die Eigenschaften des Erzeugnisses betreffen, können die Vorschriften über Sachmängel nur unter besonderen Umständen angewendet werden. Unter Brauchbarkeit ist dabei zu verstehen, daß das nach dem Vertrag hergestellte Erzeugnis für den im Vertrag angegebenen oder von den Vertragsteilen übereinstimmend vorausgesetzten Zweck geeignet ist. Auf die Ertragsfähigkeit des Verfahrens, die Möglichkeit, die Verfahrenserzeugnisse gewinnbringend zu verwerten, erstreckt sich die Haftung des Verkäufers grundsätzlich nicht. Darin kommt die gewagte Natur solcher Geschäfte zum Ausdruck. Die Leistungspflicht des Veräußerers ist in der Regel nach den allgemeinen Bestimmungen über gegenseitige Verträge zu beurteilen. Im Streitfalle sollte nach der im Vertrag hinreichend zum Ausdruck gekommenen Ansicht der Parteien das der Beklagten mit ausschließlicher Benutzungsmöglichkeit überlassene Verfahren die Grundlage einer sofort aufzunehmenden Herstellung größeren Umfangs werden; die beklagte Gesellschaft konnte aber, wenn sie sich nicht genaue Zusicherungen geben ließ, sondern sich mit allgemeinen Anpreisungen begnügte, nicht erwarten, daß das Pulver Erzeugnissen der

Wettbewerber wirklich überlegen sei. Die Aufhebung des Urteils erfolgte wegen verschiedener Unklarheiten, insbesondere auch darüber, welche Vertragspflichten dem Geschäftsführer der Klägerin bei der Beklagten oblagen. (I, 11. Juli 1939.) Amtl. Sammlg. S. 1—9.

Vgl. Bd. 82 S. 155; Bd. 161 S. 325.

2. **Verjährung. Hemmung. Unzulässige Rechtsausübung. Armenrecht.** (BGB. §§ 198, 203, 209; ZPO. § 114; RAO. § 37.) Gegen einen Rechtsanwalt wurde Klage auf Schadenersatz mit der Begründung erhoben, daß er einen übernommenen Auftrag nicht ausgeführt habe. Der Kläger wollte einen Betrag von 2500 *RM* verlangen, erhielt aber das Armenrecht nur für 1100 *RM* zugebilligt. Er führte den Rechtsstreit nur für diesen Betrag durch. Das Landgericht wies die Klage ab; das Berufungsgericht gab ihr statt, obwohl es dem Kläger das Armenrecht auch für diesen Teilbetrag verweigert hatte. Die Revision des Beklagten, der im zweiten Rechtszug Widerklage auf Feststellung erhoben hatte, daß dem Kläger keine Schadenersatzansprüche gegen ihn zuständen, führte zur Zurückverweisung der Sache. In der neuen Verhandlung vor dem Berufungsgericht machte der Beklagte Verjährung geltend. Der Kläger bezeichnete das als unzulässige Rechtsausübung. Er hatte nach dem Erlaß des ersten Urteils des Berufungsgerichts unter Vorlage einer Klageschrift über einen weiteren Schadenersatzanspruch von 9500 *RM* das Armenrecht für die Durchführung einer dahingehenden Klage erbeten. Die Entscheidung über das Gesuch war ausgesetzt worden; später wurde das Armenrecht bewilligt und Klage erhoben. Das Verfahren wurde bis zur rechtskräftigen Entscheidung des vorliegenden Rechtsstreits ausgesetzt. Das Berufungsgericht gab der Klage wiederum statt, entschied aber auf die Widerklage, daß der Restanspruch verjährt sei. Das Reichsgericht wies die Widerklage ab. Das Berufungsgericht hatte angenommen, daß der Kläger mindestens seit Erlaß des ersten für ihn günstigen Urteils des Berufungsgerichts verpflichtet gewesen wäre, wegen des Restanspruchs um das Armenrecht nachzusuchen, zumal der Beklagte schon vorher die Einrede der Verjährung erhoben hatte. **Die Versagung des Armenrechts kann für die arme Partei einen die Rechtsverfolgung**

hindernden Fall höherer Gewalt darstellen, der die Verjährung des zu verfolgenden Anspruchs hemmt. Das hat aber zur Voraussetzung, daß die Partei ein sachgemäß begründetes Armenrechtsgesuch für den Anspruch vorlegt und alle ihr für die Erlangung des Armenrechts zu Gebote stehenden Mittel erschöpft, insbesondere von den zulässigen Rechtsmitteln gegen die Versagung des Armenrechts Gebrauch gemacht hat. Der Kläger hatte das Armenrecht zunächst nicht für seinen ganzen Anspruch, sondern nur für 2500 *RM* erbeten. Das war offenbar zum Zwecke der Kostenersparnis und in der Annahme geschehen, daß, wenn über diesen Teil des Anspruchs ein obsiegendes Urteil ergehen würde, eine Klage über den Rechtsanspruch nicht mehr nötig wäre. Das Landgericht hatte ihm das Armenrecht nur für 1100 *RM* zugebilligt; für den weitergehenden Teilanspruch mußte es, wenn das auch im Beschluß nicht ausdrücklich gesagt war, als abgelehnt angesehen werden. Darnach war der Kläger an der Verfolgung des Teilanspruchs von 1400 *RM* gehindert; die Verjährung dieses Teilanspruchs war von der Versagung des Armenrechts hiefür bis zum Erlaß des ersten obsiegenden Urteils des Berufungsgerichts gehemmt. Allerdings hätte der Kläger gegen diese Versagung Beschwerde einlegen können; da aber das Berufungsgericht ihm das Armenrecht vollkommen verweigerte, stand klar, daß er mit dieser Beschwerde keinen Erfolg gehabt hätte. Bei dieser besonderen Sachlage war daher die Einlegung der Beschwerde nicht zu verlangen. Die Hemmung der Verjährung begann mit dem Beschluß des Landgerichts. Dieselbe Rechtsfolge trat aber nicht nur für den Teilanspruch von 1400 *RM*, sondern für den ganzen Anspruch des Klägers ein, soweit er nicht mit der Klage verfolgt wurde; da dem Kläger auch noch nach dem ersten für ihn günstigen Urteil des Berufungsgerichts, als von einer mangelnden Erfolgsaussicht für seinen Anspruch nicht mehr gesprochen werden konnte, Schwierigkeiten hinsichtlich der Bewilligung des Armenrechts für seinen Restanspruch gemacht wurden, erschien es gerechtfertigt, die Rechtslage so zu beurteilen, als wenn der Kläger seinerzeit für den ganzen Anspruch ein Armenrechtsgesuch vorgelegt und darauf die Versagung des Armenrechts durch das Landgericht und Berufungsgericht erfahren hätte. Mit dem Erlaß des für den Kläger günstigen ersten Urteils des Berufungsgerichts hörte die Hemmung auf; da durch dieses Urteil auch die Widerklage des Beklagten abgewiesen wurde, änderten sich die Aussichten eines Armenrechtsgesuchs für den ganzen Anspruch des Klägers. Eine erneute Hemmung trat nicht ein, da er gegen die Versagung des Armenrechts für den Restanspruch kein Rechtsmittel einlegte. Der Beklagte konnte sich aber auf die Verjährung des Anspruchs nicht berufen. Er hatte gegen die Bewilligung des Armenrechts für den Restanspruch Widerspruch erhoben mit der Begründung, daß es unnötige Kosten verursachen würde, wenn vor der Erledigung des anhängigen Rechtsstreits eine Klage über den Restanspruch angestrengt würde. Dabei mußte ihm, nachdem er schon im vorliegenden Rechtsstreit die Einrede der Verjährung erhoben hatte, gegenwärtig sein, daß mit dem Eintritt der Verjährung zu rechnen war. Nachdem er so auf die Aussetzung und Verzögerung der Entscheidung über das Armenrechtsgesuch hingewirkt hatte, vertrug es sich nicht mit dem das Rechtsverhältnis zwischen den Parteien beherrschenden Grundsatz von Treu und Glauben, wenn er sich darauf berief, daß in der Zeit zwischen der Aussetzung der Entscheidung über das Armenrechtsgesuch und der Erhebung der Klage über den Restanspruch (nach schließlicher Bewilligung des Armenrechts) die Verjährung eingetreten sei. Der Einwand unzulässiger Rechtsausübung war hienach begründet. Vom Kläger konnte auch nicht verlangt werden, daß er eine Unterbrechung des Laufes der Verjährung des Restanspruchs durch Zustellung eines Zahlungsbefehls oder durch Einbringung eines Güteantrags herbeiführe; das hätte Kosten verursacht, deren Aufwendung dem unvermögenden Kläger nicht zuzumuten war. (III, 15. Dezember 1939.)

Amtl. Sammlg. S. 9—21.

Vgl. Bd. 90 S. 82; Bd. 92 S. 208; Bd. 117 S. 354; Bd. 128 S. 76; Bd. 139 S. 270; Bd. 144 S. 378; Bd. 145 S. 239; Bd. 153 S. 101; JW. 1936 S. 2533; 1937 S. 1057.

3. **Kraftwagenunfall. Mängelhaftung. Gute Sitten. Beweislast. Anzeichenbeweis. Beweis des ersten Anscheins. Vertreter.** (BGB. §§ 31, 426, 823, 826, 831; KraftFahrz.-VO. § 3; VersVertrG. § 67.) Eine G. m. b. H. bezog Fahrgestelle für Kraftwagen von einer Fabrik in Nord-

amerika und setzte sie zusammen. Einer dieser Wagen wurde im April 1929 verkauft. Die G. m. b. H. stellte dem Käufer einen Gewährschein aus, wodurch sie Gewähr für einwandfreies Material und fehlerfreie Arbeit auf die Dauer eines Jahres übernahm. Kurz vor Ablauf dieser Zeit hatte der Käufer einen Unfall, indem der Wagen auf einen anderen, vor ihm haltenden Wagen auffuhr; der Insasse dieses Wagens wurde schwer verletzt. Die Klage des Verletzten auf Schadenersatz drang im ersten Rechtszug durch; im zweiten Rechtszug wurde sie abgewiesen, weil durch einen Sachverständigen dargelegt worden war, der Unfall sei auf einen ohne genaue Untersuchung nicht erkennbaren Fehler der Bremsvorrichtung zurückzuführen und demgemäß von den damaligen Beklagten nicht verschuldet gewesen. Der Eigentümer des Wagens war gegen Unfallgefahr versichert gewesen; die Versicherungsgesellschaft hatte an den Verletzten Zahlungen geleistet, die von diesem wegen seiner Vermögenslosigkeit nicht wieder erlangt werden konnten. Der Eigentümer des Wagens hatte durch den Rechtsstreit auch Aufwendungen gehabt; er behauptete, daß dadurch sein Gewerbebetrieb zum Erliegen gekommen sei. Sowohl er als die Versicherungsgesellschaft klagten gegen die G. m. b. H. auf Schadenersatz. In zwei Rechtszügen wurde der Anspruch des Erstklägers dem Grunde nach für gerechtfertigt anerkannt, dem Antrag der Zweitklägerin in vollem Umfange stattgegeben. Das Reichsgericht verwies die Klage zurück. In tatsächlicher Hinsicht hatten die Untergerichte festgestellt, daß der Unfall ausschließlich auf den Mangel der Bremseinrichtung zurückzuführen war. Die Verurteilung der beklagten Gesellschaft war auf § 826 BGB. gestützt und damit begründet worden, daß es einen Verstoß gegen die guten Sitten bedeute, wenn die Gesellschaft in Kenntnis des Mangels, aus dem sich bei der Benutzung des Wagens für den ganzen Straßenverkehr Gefahren ergaben, den Verkauf des Wagens zugelassen oder bei späterer Erlangung der Kenntnis von dem Mangel nicht für dessen Abstellung bei den im Verkehr befindlichen Wagen gesorgt habe. Dieser Auffassung trat das Reichsgericht grundsätzlich bei. Wer ein nicht verkehrssicheres Kraftfahrzeug, sei es als Hersteller, sei es als Verkäufer in den Verkehr bringt, verletzt eine allgemeine Rechtspflicht, indem er eine

Gefahr für den Verkehr setzt, und haftet im Rahmen der §§ 823, 826 für den dadurch verursachten Schaden. Voraussetzung dafür ist, daß es sich um eine wirklich wesentliche Gefährdung von Menschen oder Sachen handelt. Eine solche lag hier vor, da die mangelhafte Bremsvorrichtung nicht zuverlässig wirkte. Für die Haftung der beklagten Gesellschaft genügte es, wenn sie vor dem Unfall von dem Mangel erfuhr. Wer, wenn auch vielleicht unwissend, eine Gefahr für den allgemeinen Verkehr gesetzt hat, muß, sobald er die Gefahr erkennt, alles tun, was ihm den Umständen nach zugemutet werden kann, um sie abzuwenden; tut er das nicht, so verstößt sein Verhalten gegen die der Allgemeinheit gegenüber bestehenden Pflichten und damit auch gegen die guten Sitten. Das Berufungsgericht hatte die Feststellung, daß die beklagte Gesellschaft den Mangel und die sich daraus ergebende Gefahr vor dem Unfall erkannt habe, auf den Beweis des ersten Anscheins gestützt. Das Reichsgericht knüpfte hieran grundsätzliche Ausführungen. Die Lehre vom Beweis des ersten Anscheins stützt sich auf die Berücksichtigung von Erfahrungssätzen; sie ist nur bei regelmäßigen (typischen) Geschehensabläufen anwendbar, nämlich dort, wo ein gewisser Tatbestand feststeht, der nach der Erfahrung des Lebens auf eine bestimmte Ursache hinweist. In diesen Fällen wird dem, der einen vom gewöhnlichen Verlauf abweichenden Gang des Geschehens behauptet, die Beweislast für diesen zufallen. Eine Ausdehnung dieser Regel dahin, daß der Beweisführer nur einen gewissen Grad von Wahrscheinlichkeit darzutun brauche und der Gegner eine sich daraus ergebende Vermutung zu widerlegen habe, ist stets abgelehnt worden. Ein regelmäßiger Geschehensablauf im Sinne dieser Beweisregel lag hier unzweifelhaft nicht vor. Das Berufungsgericht hatte aus gewissen Umständen (Kundenbeschwerden über mangelhafte Wirkung der Bremse und daraufhin erfolgte Verwendung größerer Bremsrollen sowie sonstiger Verbesserungen) gefolgert, daß die beklagte Gesellschaft sich der Gefahr des Versagens der Bremse bewußt geworden sei. Hienach handelte es sich nicht um einen Beweis des ersten Anscheins, sondern um eine gewöhnliche Beweisführung durch Anzeichen (Indizienbeweis). Bei dieser genügt aber erst recht nicht eine größere oder geringere Wahrscheinlichkeit; um den Beweis als erbracht anzusehen, ist volle richterliche Überzeugung erforderlich. Die Beweisführung darf keine irgendwie beachtliche Lücke aufweisen, während beim Beweis des ersten Anscheins gewisse Lücken in der Feststellung des Geschehensablaufs durch Berücksichtigung allgemeiner Erfahrungssätze über den regelmäßigen Ablauf ausgefüllt werden können. Verfehlt war es auch, wenn das Berufungsgericht annahm, von den Klägern habe ein voller Beweis nicht verlangt werden können, daß gerade die Organe der beklagten Gesellschaft, die zu ihrer Vertretung berufen waren, nicht nur den Einbau größerer Bremsrollen, sondern auch die Gründe gekannt hätten, die dazu geführt hatten. Den gesetzlichen oder etwaigen besonderen Vertretern der Beklagten mußte, um die Anwendung des § 826 BGB. zu begründen, eine tatsächliche Kenntnis oder die bewußte und gewollte Inkaufnahme von bestimmten Tatumständen und Verkehrsgefahren nachgewiesen werden. Diese Kenntnis konnte nur durch genaue Klarstellung der näheren Umstände dargetan werden; allerdings genügte die Kenntnis eines der im Sinne des § 31 BGB. verantwortlichen Vertreter, sofern dieser in Ausführung der ihm zustehenden Verrichtungen gehandelt hat. Ehe einem der hienach verantwortlichen Vertreter der beklagten Gesellschaft der schwere Vorwurf gemacht werden konnte, er habe bewußt die Gefahr von Verkehrsunfällen mit den von ihr in den Verkehr gebrachten Kraftwagen zugelassen, bedurften die persönlichen Verhältnisse dieses Vertreters und die Umstände, unter denen gerade er die Kenntnis erlangt haben sollte, einer sorgfältigen Klärung. Falls sich herausstellte, daß die Verantwortung jemand traf, der, ohne Vertreter der beklagten Gesellschaft zu sein, doch von ihr zu einer entsprechenden Verrichtung bestellt war, kam die Haftung der Gesellschaft aus § 831 BGB. in Betracht. Da hienach die Voraussetzungen des § 826 BGB. nicht für genügend nachgewiesen erachtet wurden, nahm das Reichsgericht auch zu den übrigen Klagegründen Stellung.

a) Haftung aus Kaufvertrag. Hiefür wurde weitere Aufklärung verlangt, ob die beklagte Gesellschaft oder die für sie tätig gewordene Vertriebsfirma als Verkäuferin anzusehen war.

b) Gewährschaft. Das Berufungsgericht hatte dem von der beklagten Gesellschaft ausgestellten Gewährschein keine Bedeutung beigemessen, weder insofern, als sich daraus ergeben sollte, daß die beklagte Gesellschaft damit die Verkäuferpflichten übernommen habe, noch im Hinblick auf eine selbständige Gewährhaftung. Das erklärte das Reichsgericht für bedenklich. Wer einen solchen Gewährschein ausstellt, erweckt dadurch in der Regel den Eindruck, daß er damit grundsätzlich in die gesetzliche Haftung des Verkäufers für Sachmängel, wenn auch mit den aus dem Schein sich ergebenden Einschränkungen, einzutreten gewillt ist, sei es an Stelle des Verkäufers, sei es neben diesem zur weiteren Sicherung des Käufers. Freizeichnungsklauseln sind in solchen Fällen eng auszulegen. Wenn die beklagte Gesellschaft den Mangel kannte oder auch nur mit der Möglichkeit seines Vorhandenseins rechnete, konnte sie sich auch nicht auf den Zeitablauf berufen.

c) § 823 Abs. 1 BGB. Ein Anspruch auf Grund dieser Vorschrift ließ sich nur rechtfertigen, wenn durch das schuldhafte Verhalten der beklagten Gesellschaft eines der durch die Vorschrift geschützten Rechtsgüter verletzt worden wäre. Als Rechtsgut dieser Art kommt auch ein eingerichteter und ausgeübter Gewerbebetrieb in Betracht. Zur Begründung des Schadenersatzanspruchs genügt jede schuldhafte Beeinträchtigung der gewerblichen Betätigung, doch ist ein unmittelbarer Eingriff in den Bereich des Gewerbebetriebes erforderlich. Davon konnte hier keine Rede sein. Der Mangel des dem Erstkläger verkauften Wagens gefährdete nur die Personen oder Sachen, die bei einem durch ihn verursachten Verkehrsunfall verletzt wurden; um den Gewerbebetrieb des Erstklägers zu beeinflussen, bedurfte es der Zwischenschaltung sowohl des Unfalls als auch der Inanspruchnahme des Erstklägers durch den Verletzten.

d) § 823 Abs. 2 BGB. Die beklagte Gesellschaft verletzte die Vorschrift des § 3 KraftFahrzVO., indem sie ein mit einem die Verkehrssicherheit beeinträchtigenden Mangel behaftetes Kraftfahrzeug in den Verkehr gab. Diese Vorschrift ist als Schutzgesetz anzusehen; sie dient aber nur dem Schutz der Personen oder Sachen, die von dem Verkehr unmittelbar berührt werden. Einen Ersatzanspruch wegen

Verletzung dieser Personen oder Sachen kann nur der unmittelbar Verletzte geltend machen.

e) Ansprüche der Versicherungsgesellschaft. Die klagende Versicherungsgesellschaft hatte ihre Ansprüche teils auf den Rechtsübergang der Ansprüche des Erstklägers auf sie (§ 67 VersVertrG.), teils auf den Ausgleich zwischen ihr und dem Erstkläger (§ 426 BGB.) gestützt. Der Ausgleichsanspruch setzt aber ein Gesamtschuldverhältnis, zum mindesten ein Vorhandensein mehrerer Schuldner voraus, von denen einer die Schuld ganz oder teilweise getilgt hat. Die Versicherungsgesellschaft machte geltend, daß der Erstkläger zu Unrecht in Anspruch genommen worden sei; da nach ihrer Behauptung auf dessen Seite kein Schuldverhältnis vorlag, konnte ihre Leistung für ihn keine schuldbefreiende Wirkung gehabt haben. Der Erstkläger erlangte durch diese Zahlung nur einen Anspruch aus ungerechtfertigter Bereicherung, und zwar sowohl gegen den Verletzten als auch gegen die Beklagte; dieser Anspruch war auf die Versicherungsgesellschaft übergegangen. (II, 17. Januar 1940.) Amtl. Sammlg. S. 21—35. Vgl. Bd. 57 S. 93; Bd. 74 S. 250; Bd. 89 S. 136; Bd. 103 S. 8; Bd. 119 S. 332; Bd. 124 S. 65; Bd. 130 S. 359; Bd. 134 S. 377; Bd. 138 S. 201; Bd. 153 S. 137; JW. 1908 S. 151; 1913 S. 587; 1917 S. 593; 1922 S. 31; 1932 S. 735, 1076; 1934 S. 2395; 1936 S. 915, 3234; 1937 S. 2665; 1938 S. 1594; 1939 S. 484.

4. **Offene Handelsgesellschaft. Prokura. Widerruf.** (HGB. §§ 52, 116.) Eine offene Handelsgesellschaft bestand zunächst aus zwei Personen, C. und W.; später traten die vier Töchter des C. als Mitgesellschafterinnen ein, wurden aber von der Geschäftsführung ausgeschlossen. Die Gesellschafter verpflichteten sich gegenseitig, für den Fall des Aufhörens des Gesellschaftsverhältnisses des C. dem Ehemann seiner ältesten Tochter, D., Prokura zu erteilen; dieser sollte bis zum Tode seiner Ehefrau in dieser Stellung verbleiben. Das geschah nach dem Tode des C.; die vier Schwestern erteilten D. auch Vollmacht zu ihrer Vertretung. Nachträglich kündigte der Gesellschafter W. dem D. die Stellung als Prokurist; die drei jüngeren Schwestern entzogen ihm die Vollmacht. Die älteste Schwester klagte gegen die übrigen Gesellschafter auf Wiedererteilung der Prokura an ihren Ehemann. In

allen Rechtszügen drang die Klage durch. Die Prokura ist ohne Rücksicht auf das der Erteilung zugrunde liegende Rechtsgeschäft jederzeit widerruflich. Das Recht zum Widerruf ist auch bei einer offenen Handelsgesellschaft im Verhältnis nach außen gegenüber Dritten unbedingt gegeben und kann durch den Gesellschaftsvertrag nicht eingeschränkt werden; die Prokura kann von jedem geschäftsführenden Gesellschafter, auch gegen den Widerspruch eines anderen geschäftsführenden Gesellschafters, widerrufen werden. Durch diese Vorschrift wird aber das Recht der Gesellschafter, unter sich wirksame Bestimmungen über den Widerruf der Prokura zu treffen, nicht berührt; sie können vielmehr bestimmen, daß der Widerruf der Prokura allgemein oder auch nur für einen bestimmten Prokuristen nach innen nur bei Übereinstimmung aller Gesellschafter oder nur mit Genehmigung eines bestimmten Gesellschafters zulässig sein soll. Der Gesellschaftsvertrag kann auch vorschreiben, daß die sonst nicht zur Geschäftsführung oder Vertretung zugelassenen Gesellschafter im Innenverhältnis bei der Vornahme bestimmter Handlungen mitzuwirken haben. Widerruft ein vertretungsberechtigter Gesellschafter die Prokura entgegen dem Gesellschaftsvertrag, so ist das zwar gültig; er hat aber seinen Mitgesellschaftern gegenüber vertragswidrig gehandelt, und diese können ihm gegenüber ihr vertragsmäßiges Recht geltend machen, insbesondere auch auf Wiederbestellung des Prokuristen klagen. An das Rechtsschutzbedürfnis für eine solche Klage sind allerdings strenge Anforderungen zu stellen; diesen war im vorliegenden Falle genügt, da die Klägerin in der offenen Handelsgesellschaft beträchtliche Mittel angelegt hatte und ihr Ehemann als Prokurist in der Gesellschaft der Träger ihres Vertrauens war. (II, 27. Januar 1940.)

Amtl. Sammlg. S. 35—40.

Vgl. Bd. 2 S. 30; Bd. 27 S. 35; Bd. 158 S. 302.

5. **Eisenbahnunfall. Schadenersatz. Mitverschulden.** (R.-HaftPflG. § 3a; KraftFahrzG. § 11; BGB. §§ 249, 254, 831, 842.) Durch das Verschulden eines Weichenwärters stieß ein Eisenbahnzug mit einem Kraftwagen zusammen. Ein Mann, der in dem Kraftwagen saß, wurde schwer verletzt; seine Heilung nahm mehrere Monate in Anspruch. Inzwischen war die Stelle, die er vorher innegehabt hatte,

anderweit besetzt worden. Es fiel ihm schwer, eine andere Stelle zu finden, da er infolge des Unfalls an einem Sprachfehler litt. Die neue Stelle, die er schließlich fand, war erheblich schlechter entlohnt als die frühere. Die Reichsbahn bezahlte ihm eine Zeitlang den Unterschied zwischen seinem früheren und seinem neuen Einkommen, verlangte dann aber, daß der Verletzte sich einer Nachuntersuchung unterziehe. Er klagte auf Feststellung, daß die Reichsbahn verpflichtet sei, ihm den gesamten Unfallschaden zu ersetzen, insbesondere ihm den Einkommenunterschied dauernd zu erstatten. Das Landgericht gab der Klage im Rahmen des Reichshaftpflichtgesetzes und mit Begrenzung auf das 65. Lebensjahr des Klägers statt. Das Berufungsgericht stellte fest, daß die Reichsbahn vorbehaltlich des Übergangs von Schadenersatzansprüchen auf Träger der Sozialversicherung verpflichtet sei, dem Kläger im Rahmen des Reichshaftpflichtgesetzes allen Schaden zu ersetzen, der ihm aus dem Unfall entstanden sei und bis zur Vollendung seines 65 Lebensjahres noch entstehen werde. Das Reichsgericht stellte das Urteil des Landgerichts wieder her mit der Maßgabe, daß dem Kläger Schadenersatzansprüche soweit nicht zuständen, als sie auf Träger der Reichsversicherung übergegangen seien. Das Berufungsgericht war davon ausgegangen, daß der Kläger einen Ersatzanspruch überhaupt und damit auch einen Anspruch auf Ersatz des Unterschieds im Einkommen nur solange habe, als seine Erwerbsfähigkeit nicht in vollem Umfang wiederhergestellt sei; mit dieser Wiederherstellung ende die Ersatzpflicht der Reichsbahn, auch wenn es dem Kläger nicht gelinge, eine der früheren gleichwertige Stellung zu finden. Auch unter Festhaltung dieser Auffassung hätte das Berufungsgericht der Klage stattgeben können, da nach seinen Feststellungen zur Zeit des Urteils die Erwerbsfähigkeit des Klägers noch für unbestimmte Zeit beeinträchtigt war; es konnte der Reichsbahn überlassen bleiben, zu gegebener Zeit eine Gegenklage zu erheben. Das Reichsgericht erklärte aber die Auffassung des Berufungsgerichts überhaupt für unrichtig. Nach dem Reichshaftpflichtgesetz ist Schadenersatz für den Vermögensnachteil zu leisten, den der Verletzte dadurch erleidet, daß infolge der Verletzung zeitweise oder dauernd seine Erwerbsfähigkeit aufgehoben oder gemindert oder eine Vermehrung seiner Bedürfnisse eingetreten ist. Ist infolge der Verletzung die Erwerbsfähigkeit vorübergehend gemindert, verliert der Verletzte aber dadurch seine Erwerbsstellung, so ist das ein Vermögensnachteil, den er infolge des Unfalls erleidet. Dieser Vermögensnachteil schwindet nicht ohne weiteres mit der Wiedergewinnung der vollen Erwerbsfähigkeit, sondern erst mit der Erlangung einer gleichwertigen Erwerbsstellung. In der Begründung des Kraftfahrzeuggesetzes, dessen § 11 dem § 3a RHaftPflG. nachgebildet ist, war allerdings die Auffassung vertreten, daß der Verletzte den Ersatz des Schadens, den er bei nur vorübergehender Beeinträchtigung seiner Erwerbsfähigkeit dadurch erleidet, daß er seine Erwerbsstellung einbüßt, nur bei Vorliegen der Voraussetzungen des § 842 BGB. beanspruchen könne. Das Reichsgericht erklärte auch diese Auffassung für unrichtig. Auch wenn § 842 BGB. nicht zutraf, konnte der Verletzte für den Verlust des Erwerbs aus einem ungekündigten Vertragsverhältnis nach § 249 BGB. Schadenersatz verlangen; denn hiebei handelt es sich nicht um Nachteil an Erwerb oder Fortkommen im allgemeinen, sondern um die Vernichtung eines für den Verletzten rechtlich bestehenden Vermögenswertes. Durch § 254 BGB. wurde die Reichsbahn hinreichend dagegen geschützt, daß der Kläger es nicht an Bemühungen fehlen ließ, eine der verlorenen gleichwertige Stellung wiederzuerlangen. (VI, 7. Februar 1940.)

Amtl. Sammlg. S. 40—46.

Vgl. Bd. 57 S. 52; Bd. 141 S. 169; JW. 1912 S. 598; 1933 S. 770.

6. **Bürgschaft. Schuldenbereinigung.** (SchuldBerG. §§ 3, 8; FGG. § 28.) Eine Frau übernahm für eine Darlehensschuld ihres Ehemannes Bürgschaft. Der von dem Ehemann betriebenen Holzgroßhandel brach im Jahr 1925 zusammen. Im Jahr 1930 wurde die Ehe geschieden. Die Frau beantragte die Bereinigung ihrer Bürgschaftsverpflichtung. Das Amtsgericht wies den Antrag ab. Das Landgericht verwarf die Beschwerde. Das Kammergericht Berlin wollte die weitere Beschwerde zurückweisen, legte aber wegen eines entgegenstehenden Beschlusses des Oberlandesgerichts München die Sache dem Reichsgericht vor. Dieses trat der Auffassung des Kammergerichts bei. Durch die Schuldenbereinigung werden die Rechte der Gläubiger

gegenüber dem Mitverpflichteten nicht berührt; eine Ausnahme von diesem Grundsatz ist zulässig, soweit das zur Vermeidung einer unbilligen Härte notwendig ist. Gegenüber einem Bürgen ist also eine Schuldenbereinigung nur möglich, wenn sie gegenüber dem Hauptschuldner durchgeführt worden ist. Wenn eine Bereinigung der Hauptschuld nicht stattfindet, kann ein Mitverpflichteter die Bereinigung seiner Verpflichtung nur erreichen, wenn bei ihm die Voraussetzungen für eine allgemeine Schuldenbereinigung vorliegen. (IV, 8. Februar 1940.)

Amtl. Sammlg. S. 46—51.
Vgl. DJ. 1939 S. 1123.

7. **Nacherbschaft. Vollstreckungsklausel.** (BGB. §§ 952, 2130, 2138; ZPO. §§ 727, 728.) Ein Arzt starb unter Hinterlassung eines Testaments, worin seine Hausdame als Vorerbin, entfernte Verwandte als Nacherben auf den Überrest eingesetzt waren. Beim Tode der Vorerbin fand sich in ihrem Nachlaß eine notarielle Urkunde, worin Eheleute bestätigten, von ihr ein Darlehen von 63 000 *RM* erhalten zu haben, und sich der sofortigen Zwangsvollstreckung aus der Urkunde unterwarfen. Ihre Erben ließen sich von der Urkunde eine vollstreckbare Ausfertigung erteilen. Die Nacherben des Arztes behaupteten, das Darlehen sei aus Mitteln des Nachlasses gegeben worden, und klagten gegen die Erben der Vorerbin auf Herausgabe der Urkunde und Bewilligung der Umschreibung der Vollstreckungsklausel auf sie. In allen Rechtszügen drang die Klage durch. Da die Beklagten zu dem Arzt in keiner Erbenstellung standen, war der Anspruch der Kläger gegen sie nach den Vorschriften über die Herausgabe des Nachlasses seitens der Vorerben an die Nacherben nach Eintritt des Nacherbfalles zu beurteilen. Da die Nacherben nur auf den Überrest eingesetzt waren, hatten die Beklagten als die Erben der Vorerbin nur die Pflicht, die noch vorhandenen Erbschaftsgegenstände herauszugeben. Wenn das Darlehen aus Mitteln des Nachlasses gewährt worden war, gehörte es zur Erbschaft. Die Erben der Vorerbin hatten darum die Pflicht, dieses Darlehen den Nacherben zu überlassen und ihnen auch jene körperlichen Gegenstände herauszugeben, die, ohne selbst ursprüngliche Erbschaftsgegenstände oder Ersatzstücke solcher zu sein, dem Vorerben eine Rechtsstellung verliehen, die nach dem Nacherbfall

den Nacherben zukam. Das gilt auch für die befreite Vorerbschaft, wenngleich hier der Vorerbe dem Nacherben nicht für die Verwaltung des Nachlasses verantwortlich ist, so daß der Nacherbe die Erbschaft in dem Zustande übernehmen muß, in dem sie sich beim Eintritt des Nacherbfalles befindet. Die Beklagten hatten sich die vollstreckbare Ausfertigung nach dem Nacherbfall erteilen lassen. Damit hatten sie, falls die Darlehnsforderung zum Nachlaß des Arztes gehörte, eine Rechtsstellung nach außen erlangt, die nicht ihnen, sondern den Nacherben als den Gläubigern der Darlehnsforderung zukam. Zwecks Beseitigung dieses Rechtsscheins waren sie zur Herausgabe des Vollstreckungstitels an die Nacherben verpflichtet. Weiter erwuchs ihnen die Pflicht, zur Herstellung eines der Rechtslage entsprechenden Zustandes insoweit mitzuwirken, als dieser durch die ihnen erteilte Vollstreckungsklausel beeinträchtigt wurde. Sie mußten also einwilligen, daß die auf sie gestellte Vollstreckungsklausel beseitigt und daß den Nacherben eine vollstreckbare Ausfertigung der Schuldurkunde erteilt wurde. Die Gründe, aus denen die Zugehörigkeit der Darlehnsforderung zum Nachlaß des Arztes angenommen wurde, sind nicht veröffentlicht. (IV, 1. Februar 1940.) Amtl. Sammlg. S. 52—57.

8. **Testament. Volksempfinden. Gute Sitten. Testamentsvollstreckung.** (BGB. §§ 138, 219, 745, 2038, 2197, 2224; TestG. §§ 48, 51.) Eine Frau, die ohne Hinterlassung von Abkömmlingen starb, hatte in ihrem Testament die sämtlichen dort eingesetzten Erben und außerdem noch einen Rechtsanwalt als Testamentsvollstrecker bestellt. Die sämtlichen Testamentsvollstrecker klagten gegen einen Verwandten der Erblasserin, der im Falle gesetzlicher Erbfolge zum Teil Erbe geworden wäre, auf Feststellung, daß sie berechtigt seien, die letztwilligen Verfügungen der Erblasserin zur Ausführung zu bringen. Der Beklagte bestritt die wirksame Ernennung der Kläger zu Testamentsvollstreckern und behauptete Nichtigkeit der getroffenen Verfügungen, weil eine Reihe armer Verwandter, die als gesetzliche Erben in Betracht gekommen wären, nicht bedacht seien. Die Klage drang in allen Rechtszügen durch. Der alleinige Erbe kann allerdings nicht als Testamentsvollstrecker berufen werden, weil er begriffsmäßig Herr

des Nachlasses ist und es darum keinen Sinn hätte, ihm an dem Nachlaß Verwaltungsrechte einzuräumen, die als Beschränkung der Erbenrechte gedacht sind. Das gilt aber nicht ohne weiteres für den Fall, daß mehrere Erben vorhanden sind und diese sämtlich zu Testamentsvollstreckern bestellt werden. Eine solche Anordnung hätte die Folge, daß bei Meinungsverschiedenheiten in der Verwaltung des Nachlasses an Stelle eines Mehrheitsbeschlusses der Erbengemeinschaft die Mitwirkung und Entscheidung des Nachlaßgerichts träte. Sie gäbe dem Erblasser die Möglichkeit, die Verwaltung abweichend zu regeln, z. B. jedem Erben einen besonderen Wirkungskreis zuzuweisen. Auf alle Fälle ist die Ernennung sämtlicher Erben zu Testamentsvollstreckern zulässig, wenn neben diesen noch ein weiterer Testamentsvollstrecker ernannt wird, wie es hier der Fall war; dann enthält die Anordnung der Testamentsvollstreckung eine wirkliche Beschränkung der Rechtsstellung der Erben, die nunmehr bei der Verwaltung des Nachlasses und der Verfügung über die Nachlaßgegenstände auf die Mitwirkung des neben ihnen ernannten Testamentsvollstreckers angewiesen sind. Die Behauptung der Nichtigkeit der getroffenen Verfügungen hatte der Beklagte damit begründet, daß die Übergehung armer Verwandter gegen die guten Sitten verstoße. Diese Frage war vom Standpunkt des seit dem Jahr 1933 herrschenden Volksempfindens, der nationalsozialistischen Weltanschauung, aus zu treffen. Rechtsgeschäften, die nach dieser Weltanschauung gegen die guten Sitten verstoßen, kann ein Rechtsschutz durch ein deutsches Gericht nicht gewährt werden. Zu der Frage, ob es bei der Feststellung der Sittenwidrigkeit einer Verfügung von Todes wegen zu berücksichtigen ist, wenn der Erblasser vor dem Inkrafttreten des Testamentsgesetzes vom 31. Juli 1938 verstorben ist, ob es insbesondere ausreicht, wenn der Erbfall (wie hier) in eine Zeit fällt, in der sich die nationalsozialistische Weltanschauung durchgesetzt hat und für das Volksempfinden bestimmend geworden ist, nahm das Reichsgericht keine Stellung, da eine Sittenwidrigkeit der von der Erblasserin getroffenen Verfügungen keinesfalls vorlag. § 48 TestG. verlangt als Voraussetzung der Nichtigkeit einen Verstoß, der in gröblicher Weise dem gesunden Volksempfinden zuwiderläuft. Die Ausschließung erbberechtigter Verwandter von der Erbfolge reicht hiefür nur aus, wenn besonders erschwerende Umstände dazukommen. Bei den benachteiligten Verwandten der Erblasserin handelte es sich um gesetzliche Erben der dritten Ordnung, denen gegenüber die durch die Familienzugehörigkeit gebotenen Rücksichten bei der Verteilung der Erbschaft von vornherein geringer bewertet werden müssen als etwa gegenüber pflichtteilsberechtigten Verwandten oder Geschwistern. Eine besonders nahe Verbundenheit mit der Erblasserin hatte der Beklagte nicht einmal behauptet. Ausdrücklich wurde anerkannt, daß die Zuwendung großer Summen an Kirchen, kirchliche Einrichtungen und Priester nicht gegen die guten Sitten verstoße. (IV, 15. Februar 1949.)

Amtl. Sammlg. S. 57—62.

Vgl. Bd. 77 S. 177; Bd. 150 S. 1.

9. **Grundstückskauf. Vormerkung. Berichtigungsanspruch. Zurückbehaltungsrecht.** (BGB. §§ 125, 273, 894, 1000.) Über ein Grundstück wurde ein schriftlicher Kaufvertrag abgeschlossen. Dem Käufer wurde das Recht eingeräumt, den Anspruch auf Auflassung durch eine Vormerkung sichern zu lassen; die Vormerkung wurde im Grundbuch eingetragen. Nachträglich klagte der Verkäufer auf Feststellung der Nichtigkeit des Kaufvertrags und auf Einwilligung in die Löschung der Auflassungsvormerkung. Der Käufer machte gegenüber der Klage ein Zurückbehaltungsrecht wegen Aufwendungen in das Grundstück geltend. Das Reichsgericht entschied, daß das Zurückbehaltungsrecht zwar nicht gegenüber der Feststellungsklage, wohl aber gegenüber der Klage auf Einwilligung in die Berichtigung des Grundbuchs wirksam sei. Da der Vertrag mangels gerichtlicher oder notarieller Beurkundung nichtig war, fehlte der Auflassungsvormerkung die rechtliche Grundlage; die Klage war also an sich gerechtfertigt. Das Zurückbehaltungsrecht konnte als Leistungsverweigerungsrecht gegenüber dem Anspruch auf Feststellung der Nichtigkeit des Kaufvertrags nicht in Betracht kommen, wohl aber konnte es dem Anspruch auf Einwilligung in die Löschung der Auflassungsvormerkung entgegengesetzt werden. Allerdings gibt § 1000 BGB. dem Besitzer eines Grundstücks wegen Verwendungen ein Zurückbehaltungsrecht nur gegenüber dem Anspruch auf Herausgabe des Grundstücks; der Anspruch wird fällig mit Genehmi-

gung der Verwendungen durch den Eigentümer oder mit der Wiedererlangung des Besitzes durch diesen. Die Voraussetzungen waren anscheinend im vorliegenden Falle nicht erfüllt; das Reichsgericht erklärte aber, daß der Wiedererlangung des Besitzes die Wiedererlangung des grundbuchmäßigen Eigentumsrechts gleichgestellt werden muß. Dieses war durch die Vormerkung beeinträchtigt, da sie wie ein Veräußerungsverbot wirkte. Mit Erteilung der Löschungsbewilligung räumte der Beklagte eine buchmäßige Rechtsstellung; ihre Preisgabe war der Herausgabe des Grundstücks gleichzustellen. Die Ausdehnung des Zurückbehaltungsrechts auf solche Fälle wird durch Treu und Glauben gefordert, denen das Zurückbehaltungsrecht im Rechtsverkehr in besonderem Maße dienen muß. (V, 26. Februar 1940). Amtl. Sammlg. S. 62—64. Vgl. Bd. 114 S. 266; Bd. 115 S. 35, 47; Bd. 151 S. 389.

10. Reichsbahn. Haftung für Sachschaden. (EGzBGB. Art. 105; PrEisBG. § 25; EisBübergG. § 10.) Durch Funkenflug aus einer Maschine der Reichsbahn entstand ein Brand. Die Klage auf Schadenersatz gegen die Reichsbahn drang in allen Rechtszügen durch. Sie war auf das preußische Eisenbahngesetz gestützt. Das Reichsgericht entschied, daß dieses Gesetz auch nach dem Übergang der preußischen Staatsbahnen auf das Reich in Geltung geblieben ist. Die Einheitlichkeit der Reichsbahn schließt weder begrifflich noch auch nach allgemeinen Rechtsgrundsätzen aus, daß für sie und ihre Rechtsbeziehungen im Bereich der landesrechtlichen Vorbehalte verschiedene gesetzliche Vorschriften je nach dem Orte der einzelnen Betätigung Anwendung finden, wenn auch der Zustand im Hinblick auf das berechtigte Streben nach Vereinheitlichung des Rechts im allgemeinen und auf die Stellung, welche die Reichsbahn im Gefüge des Reiches einnimmt, im besonderen nicht befriedigt. (Durch das Gesetz über die Haftpflicht der Eisenbahnen und Straßenbahnen für Sachschäden vom 29. April 1940 ist eine einheitliche Regelung getroffen worden.) (VI, 21. Februar 1940.)

Amtl. Sammlg. S. 65—67.

Vgl. Bd. 133 S. 242; JW. 1917 S. 549.

11. Ehelichkeitsanfechtung. (BGB. § 1594; FamRÄndG. § 4.) Während der Dauer einer Ehe, die im Jahr 1936 geschieden wurde, hatte die Frau zwei Kinder geboren

(1932 und 1934). Im September 1938 focht der Ehemann die Ehelichkeit der Kinder an. Das Berufungsgericht gab der Klage statt. Die Revision der Beklagten hatte keinen Erfolg. Die Blutgruppenuntersuchung hatte ergeben, daß die Kinder nicht von dem Ehemann erzeugt sein konnten. Fraglich war nur, ob die Anfechtungsklage rechtzeitig erhoben war. Während diese früher innerhalb Jahresfrist nach Erlangung der Kenntnis von der Geburt des Kindes erhoben werden mußte, beginnt nunmehr die Jahresfrist erst mit dem Zeitpunkt, in dem der Mann Kenntnis von den Umständen erlangt, die für die Unehelichkeit des Kindes sprechen; hat der Mann die Kenntnis dieser Umstände erst neun Monate nach der Kenntnis von der Geburt des Kindes, also nicht früher als drei Monate vor Ablauf der Klagefrist nach bisherigem Recht erlangt, so beginnt die Anfechtungsfrist mit dem Inkrafttreten des Gesetzes über die Änderung familienrechtlicher Vorschriften vom 12. April 1938, also mit dem 14. April 1938 zu laufen. Innerhalb dieser Zeit war die Klage erhoben. Da der Kläger mit der Mutter der Kinder während der Empfängniszeit geschlechtlich verkehrt hatte, ließ der Umstand allein, daß sie während dieser Zeit auch ehebrecherischen Verkehr mit anderen Männern gehabt hatte, keinen sicheren Schluß auf die Unehelichkeit der Beklagten zu. Das Berufungsgericht hatte angenommen, daß der Kläger eine glaubhafte Kenntnis von Umständen, die für die Unehelichkeit der Beklagten sprachen, erst mit der Blutgruppenuntersuchung erlangt habe. Dieser Auffassung trat das Reichsgericht bei. Die Neuregelung der Ehelichkeitsanfechtung durch das Gesetz über die Änderung familienrechtlicher Vorschriften verfolgt zwar in erster Reihe das Ziel, die Belange der Volksgemeinschaft an der Klarstellung der wirklichen Abstammung eines Kindes zur Geltung zu bringen, und läßt demgemäß das Bedürfnis der Beteiligten nach einer möglichst frühen und endgültigen Feststellung des Familienstandes zurücktreten. Der Verwirklichung dieses Zieles dient das neu eingeführte unbefristete Anfechtungsrecht des Staatsanwalts, für dessen Ausübung die öffentlichen Belange, aber auch jene des Kindes, bestimmend sein sollen. Dabei hat aber das Bedürfnis der Beteiligten nach einer baldigen Klarstellung des familienrechtlichen Verhältnisses seine Bedeutung behalten. Das ergibt sich daraus, daß auch künftig das Anfechtungsrecht des Ehemannes der Kindsmutter an eine Ausschlußfrist von einem Jahr gebunden bleibt. Lediglich die Starrheit des bisherigen Fristenlaufes ist aufgelockert worden, in dem an die Stelle der Kenntnis des Mannes von der Geburt des Kindes die Kenntnis der für die Unehelichkeit sprechenden Umstände gesetzt wurde. Es wäre unzweckmäßig, wollte man diese Umstände auf solche beschränken, die sichere Schlüsse auf die uneheliche Abstammung des Kindes gestatten; das könnte zur Folge haben, daß die Frage der Ehelichkeit jahrelang in Schwebe bliebe. Deshalb muß schon die Kenntnis von Umständen, welche die Ehelichkeit des Kindes ernstlich in Frage zu stellen geeignet sind, als genügend angesehen werden, um die Anfechtungsfrist in Gang zu setzen. Wenn ein Sachverhalt vorliegt, der ernstliche Zweifel an der Ehelichkeit begründet, so ist es Pflicht des Mannes, diesen Zweifeln nachzugehen und Nachforschungen anzustellen. Regelmäßig muß schon die Kenntnis des Mannes davon, daß die Kindsmutter während der Empfängniszeit nicht nur mit ihm verkehrt hat, die Anfechtungsfrist in Lauf setzen. Ob der Mann den Ehebrecher kennt, ist dabei ohne Belang, ebenso, ob nur eine oder mehrere Personen als Erzeuger des Kindes in Frage kommen. Die Revision wurde auch deshalb zurückgewiesen, weil der Staatsanwalt dem Verfahren beigetreten war. (IV, 24. Februar 1940.)

Amtl. Sammlg. S. 68—73.

Vgl. Bd. 162 S. 16.

12. **Ehenichtigkeit. Österreichisches Recht.** (EheG. §§ 37, 118, 120; DurchfVOzEheG. § 55; ÖstABGB. §§ 60, 94, 95, 96; Cod. jur. can. 1068 § 1.) Eine im Jahr 1935 in Österreich geschlossene Ehe wurde im Jahr 1936 in beiderseitigem Einverständnis gerichtlich von Tisch und Bett geschieden und später durch Urteil der kirchlichen Gerichte auf Klage des Mannes für ungültig erklärt. Nach dem 1. August 1938 konnte diese Entscheidung nicht mehr für vollstreckbar erklärt werden (§ 120 EheG.). Mit Genehmigung der Staatsanwaltschaft erhob der Ehemann Klage auf Ungültigerklärung der Ehe nach § 60 ÖstABGB., da er dauernd zum Geschlechtsverkehr unfähig sei. In zwei Rechtszügen wurde die Klage abgewiesen mit der Begründung, daß dem Kläger seine geschlechtliche Unfähig-

keit schon beim Abschluß der Ehe bekannt gewesen sei. Die Revision des Klägers hatte keinen Erfolg. Die Ehe war nach dem 1. Mai 1934 geschlossen worden, also nachdem das Konkordat zwischen dem Heiligen Stuhl und Österreich Gesetzeskraft erlangt hatte. Einer nach diesem Tage vor einem katholischen Seelsorger abgeschlossenen Ehe konnten in Österreich die bürgerlichen Rechtswirkungen nur wegen eines Ehehindernisses des kanonischen Rechts aberkannt werden. Nach § 120 EheG. kann eine kirchliche Ungültigkeitsentscheidung nicht mehr für vollstreckbar erklärt werden. Die Gültigkeit einer im Geltungsgebiet des Konkordates geschlossenen Ehe bestimmt sich weiter nach den bisherigen Gesetzen; nur wenn ein Ungültigkeitsgrund nach bisherigem Recht einem der Gründe gleichartig ist, die nach dem Ehegesetz die Aufhebung der Ehe rechtfertigen, finden die Bestimmungen des Ehegesetzes Anwendung. Nach kanonischem Recht macht eine vorhergehende und dauernde Impotenz, sie sei dem anderen Teile bekannt oder nicht, die Ehe ungültig. Der Gedanke des Irrtums tritt dabei völlig zurück; in dieser Hinsicht besteht also keine Gleichartigkeit. Für die anderen Aufhebungsgründe des Ehegesetzes kommt eine Gleichartigkeit überhaupt nicht in Frage. Nach § 60 ÖstABGB. gilt das geschlechtliche Unvermögen eines Ehegatten als Anfechtungsgrund; hier lag also eine Gleichartigkeit vor. Zur Anfechtung der Ehe war aber nur der am Eheabschluß schuldlose Teil berechtigt; als schuldloser Teil gilt nur, wer vom Ungültigkeitsgrund der Ehe keine Kenntnis hatte. Hieran ist durch das Ehegesetz nichts geändert worden, abgesehen davon, daß zur Klageerhebung und zur Fortsetzung des Ungültigkeitsstreites die Genehmigung des Staatsanwalts erforderlich ist. Da der Kläger von seinem Unvermögen schon vor Eingehung der Ehe Kenntnis hatte, fehlte ihm das Klagerecht; Kenntnis war auch anzunehmen, wenn er nur begründete Zweifel an seiner Fähigkeit hatte. (IV, 4. März 1940.) Amtl. Sammlg. S. 73—77.

13. **Ehescheidung. Rechtskraft. Ehebruch.** (EheG. §§ 9, 47, 49, 55, 61, 115, 116, 117; DurchfVO. § 76; ZPO. § 616.) Bei der Eingehung einer in Österreich im Jahr 1911 geschlossenen Ehe verschwieg die Frau, daß sie schon eine Kerkerstrafe erlitten hatte. Im Jahr 1929 klagte der Mann auf Scheidung der Ehe von Tisch und Bett mit

der Begründung, er habe erst im Jahr 1928 von der früheren Bestrafung seiner Frau Kenntnis erlangt; außerdem machte er ehewidrigen Umgang der Frau mit einem anderen Manne geltend. Die Klage wurde abgewiesen; im Urteil wurde festgestellt, daß der Mann durch ein ehebrecherisches Verhältnis die Ehe schuldhaft zerrüttet habe. Das gleiche Schicksal hatte ein im Jahr 1934 gestellter Antrag, die Frau zur Rückkehr in die eheliche Gemeinschaft anzuhalten. Auf eine im Jahr 1938 erhobene Klage wurde die Ehe aus Verschulden des Mannes wegen Ehebruchs geschieden. Die Revision des Klägers hatte nur die Wirkung, daß die Feststellung des Ehebruchs im Urteilsatz gestrichen wurde. Die Vorschrift des § 616 ZPO., wonach die Scheidung oder Aufhebung einer Ehe nicht mehr auf Tatsachen gegründet werden kann, die der Kläger in einem früheren Rechtsstreit geltend gemacht hat oder geltend machen konnte, ist für das Gebiet des österreichischen Rechts nicht übernommen worden. Der Grundsatz muß aber doch insoweit gelten, als die einmal gegen den Fortbestand der Ehe vorgebrachten, vom Gericht aber abgelehnten Gründe als Grundlage eines neuen Scheidungsbegehrens ausgeschlossen sind. Daher schieden im gegenwärtigen Verfahren alle schon früher geltend gemachten Scheidungsgründe, deren Nichtbestehen dort festgestellt wurde, als Scheidungsgründe und als Gründe einer schuldhaften Zerrüttung der Ehe aus. Als neuen Grund hatte der Kläger vorgebracht, daß die Frau sich ohne zulänglichen Grund von ihm getrennt und die Rückkehr verweigert habe. Die Abweisung des Antrags, die Frau zur Wiederherstellung der ehelichen Gemeinschaft anzuhalten, schuf aber Rechtskraft insofern, als der Mann einen solchen Anspruch aus den damals geltend gemachten Gründen nicht mehr herleiten konnte und die Weigerung der Frau, die eheliche Gemeinschaft wiederherzustellen, eine Eheverfehlung nicht darstellte. Weiter hatte der Kläger Ehebruch der Frau geltend gemacht, während er in der ersten Klage nur ehewidriges Verhalten mit diesem Manne behauptet hatte. Daß er in der zweiten Klage diese Beziehungen seiner Frau nicht mehr vorgebracht hatte, konnte nicht als Verzeihung aufgefaßt werden; entscheidend war aber, daß der Ehebruch nicht für nachgewiesen erachtet wurde. Ein Scheidungsanspruch nach §§ 47, 49 EheG.

bestand also nicht, wohl aber ein solcher nach § 55 EheG. Die Scheidung und mangels eines Verschuldens der Frau die Alleinschuld des Klägers waren also im Urteil auszusprechen; dagegen durfte der dem Kläger nachgewiesene Ehebruch im Urteilsatz nicht angeführt werden. Die Beklagte hatte Scheidung wegen dieses Ehebruchs nicht verlangt; die Ehe war auch nicht wegen dieses Ehebruchs, sondern wegen langjähriger Trennung und Zerrüttung der Ehe geschieden worden. (IV, 4. März 1940.)

Amtl. Sammlg. S. 77—81.
Vgl. Bd. 162 S. 402.

14. Anfechtung. Benachteiligungsabsicht. Begünstigung. Beweislast. (ÖstAnfO. §§ 2, 8.) In einem Rechtsstreit wurde durch das Berufungsgericht der Kläger zur Zahlung der Kosten verurteilt. Einige Tage später stellte er seiner Frau einen notariellen Schuldschein aus; diese ließ auf Grund dieses Schuldscheins auf Grundstücken, die ihm gehörten, ein Pfandrecht eintragen. Die Gegner des Mannes im früheren Rechtsstreit fochten die Pfandrechtsbegründung an. Die beklagte Frau bestritt die Benachteiligungsabsicht ihres Ehemanns und erklärte, sie habe von einer solchen Absicht weder Kenntnis gehabt noch auch haben müssen, da ihr Ehemann eine gutgesicherte Forderung gehabt habe, an die sich seine Gegner hätten halten können. Das Berufungsgericht wies die Klage ab. Das Reichsgericht verwies die Sache zurück. § 2 Nr. 3 AnfO. enthält einen selbständigen Anfechtungsgrund. Im Gegensatz zu den Tatbeständen des § 2 Nr. 1 und 2 AnfO. gehört hier eine Benachteiligungsabsicht des Schuldners nicht zum Klagegrunde und tritt eine Umkehrung der Beweislast zuungunsten der nahen Verwandten ein. Für die tatsächliche Benachteiligung genügt schon die Verzögerung oder Erschwerung der Befriedigung der Gläubiger, also auch die bloße Pfandrechtseinräumung für eine schon bestehende Schuld. Der Anfechtungsgegner kann aber in diesem Falle die Anfechtung durch den Einwand der Redlichkeit abwenden, indem er bestimmte Tatsachen behauptet und beweist, die den Schluß rechtfertigen, daß eine Benachteiligungsabsicht nicht bestand oder daß sie ihm weder bekannt war noch bekannt sein mußte. Die Beweislast trifft den Anfechtungsgegner; bleibt dabei etwas unklar, so hat die Anfechtung Erfolg. Es genügt auch der Beweis, daß der

Anfechtungsgegner zwar begünstigt worden ist, daß aber eine Benachteiligung der Gläubiger nicht vorgelegen hat. Wenn sich mehrere Gläubiger gegenüberstehen, bedeutet jede Begünstigung des einen einen Nachteil des anderen, wenn nicht volle Deckung beim Schuldner vorhanden ist; allein dieser Nachteil im weiteren Sinne braucht nicht notwendig eine Benachteiligung im Sinne des Anfechtungsrechts zu sein. Der eine Gläubiger hat keine Pflicht, auf den anderen Rücksicht zu nehmen; er kann auch zu dessen Nachteil Befriedigung suchen, solange nicht der Konkurs über das Vermögen des Schuldners eröffnet ist. Eine Benachteiligungsabsicht im Sinne der Anfechtungsordnung ist daher nicht ohne weiteres anzunehmen, wenn eine ältere richtige und fällige Forderung bezahlt oder sichergestellt wird und eine jüngere Forderung ausfällt, sondern erst bei Hinzutreten besonderer Umstände, welche die Absicht des Schuldners, den älteren Gläubiger zu begünstigen, zur Benachteiligungsabsicht stempeln. Der Anfechtungsgegner, der die Beweislast hat, muß aber alle Umstände, die auf den ersten Blick für eine Benachteiligungsabsicht sprechen können, vollkommen entkräften oder beweisen, daß er diese Umstände weder kannte noch auch kennen mußte. Die Beklagte mußte also im vorliegenden Falle beweisen, daß sie keinen Grund zur Annahme einer über Begünstigung hinausgehenden Benachteiligungsabsicht ihres Ehemannes hatte, obwohl ihr dessen Kostenschuld an die Kläger und etwaige andere Schulden bekannt waren und die Schuldurkunde gerade um die Zeit des Urteils im Rechtsstreit ihres Ehemannes gegen die jetzigen Kläger errichtet wurde; dabei konnten die Mitteilungen eine besondere Bedeutung haben, welche die Beklagte damals über den Stand des Rechtsstreits und über die Aussichten der gegen das Urteil eingelegten Revision erlangt hatte. (VIII, 22. Februar 1940.)

Amtl. Sammlg. S. 82—87.

Vgl. Bd. 153 S. 352; JW. 1901 S. 9; 1902 S. 590, 593.

15. **Amtspflichtverletzung. Schmerzensgeld.** (WeimVerf. Art. 131; BGB. §§ 839, 847; RHaftG.) Ein Kraftwagen, der von einem Unteroffizier der Reichswehr gesteuert wurde, stieß mit einem anderen Kraftwagen zusammen; der Fahrer dieses Wagens wurde verletzt. Er klagte gegen

das Reich auf Schadenersatz und Zahlung eines Schmerzensgeldes. Das Berufungsgericht sprach ihm ein solches von 1000 *RM* zu. Die Revision des Reiches hatte keinen Erfolg. In dieser war verlangt, daß für die Bemessung des Schmerzensgeldes die wirtschaftlichen Verhältnisse des schuldigen Beamten maßgebend sein müßten, da die Vorschriften, wonach für Amtspflichtverletzungen von Beamten das Reich oder eine öffentlich-rechtliche Körperschaft eintreten müssen, den Schutz des Beamten, nicht aber eine Besserstellung des Geschädigten bezweckten und ein Rückgriff auf den Beamten möglich sei. Das Reichsgericht erklärte, daß diese Vorschriften auch den Belangen des Geschädigten zu dienen hätten; im Fall eines Rückgriffs bleibt es dem Reich oder der öffentlich-rechtlichen Körperschaft überlassen, Billigkeitsrücksichten walten zu lassen. (VI, 6. März 1940.) Amtl. Sammlg. S. 87—89.

16. **Ehelichkeit. Blutmäßige Abstammung.** (ÖstABGB. § 158; BGB. §§ 1594, 1595 a; FamRÄndG. §§ 4, 5, 34.) Eine mit ihrem Manne zusammenlebende Frau in Österreich gebar im Jahr 1918 eine Tochter. Im Jahr 1939 erhob der Ehemann Klage gegen die Tochter auf Feststellung, daß er nicht ihr ehelicher Vater sei. In allen Rechtszügen wurde die Klage abgewiesen. Die eheliche Geburt im familien- und erbrechtlichen Sinne kann nur durch eine Klage gegen den Verteidiger der ehelichen Geburt bestritten werden. Auch wenn die Klage gegen die Beklagte zugelassen wurde, scheiterte sie daran, daß die dafür vorgesehene Frist nicht eingehalten war. Von der Einhaltung dieser Frist konnte um so weniger abgesehen werden, als die günstigere Regelung des § 1594 BGB. für die Ostmark noch nicht in Kraft gesetzt worden ist. Als Klage auf Feststellung der blutmäßigen Abstammung, für die eine Klagefrist nicht besteht, war die vorliegende Klage verfehlt, weil auch sie gegen einen Verteidiger der ehelichen Geburt und blutmäßigen Abstammung hätte eingebracht werden müssen. Mit einer solchen Klage wäre dem Kläger auch nicht geholfen gewesen, weil durch ein Obsiegen im Rechtsstreit am Familienstande und Erbrecht der Beklagten nichts geändert worden wäre. Eine solche Wirkung hätte nur eine vom Staatsanwalt erhobene Klage erzielen können (§ 1595 a BGB.). In der Ost-

mark ist eine solche noch nicht möglich. (VIII, 11. März 1940.) Amtl. Sammlg. S. 90—91.
Vgl. Bd. 161 S. 326; Bd. 162 S. 113.

17. Ehescheidung. Unterhaltsverpflichtung. Bürgschaft. Unzulässige Rechtsausübung. (BGB. §§ 138, 242, 767, 768; EheG. § 80.) Eine im Jahr 1904 eingegangene Ehe wurde im Jahr 1924 wegen Geisteskrankheit der Frau geschieden. Der für die Frau aufgestellte Pfleger zog die Einlegung der Berufung gegen das Urteil in Erwägung, sah aber dann davon ab, weil eine für die Frau günstige Regelung des Unterhalts zustande kam. Hienach verpflichtete sich der Ehemann zur Zahlung einer Rente, die eine standesgemäße Lebensführung der Frau sichern sollte; sie wurde zunächst auf jährlich 3150 Goldmark bemessen, doch sollte die Frau im Falle einer Verteuerung der Lebensbedürfnisse, insbesondere in Krankheitsfällen, eine angemessene Erhöhung verlangen dürfen. Im Falle einer Wiederverehelichung der Frau sollte der Unterhaltsanspruch nicht wegfallen, sondern nur für die Dauer der zweiten Ehe ruhen. Wegen künftiger Änderung der Vermögensverhältnisse des Ehemanns sollte eine Herabsetzung der Rente nicht verlangt werden können; auch im übrigen verzichtete der Mann auf alle Einreden für sich und seine Erben. Der Vater des Ehemanns übernahm sowohl für sich als für die von ihm vertretene offene Handelsgesellschaft die selbstschuldnerische Bürgschaft. Im Jahr 1931 geriet der Ehemann in Vermögensverfall; seit Ende 1935 war er infolge einer Gehirnerkrankung erwerbsunfähig. Im Jahr 1936 starb sein Vater. Seine zwei Schwestern fanden ihn als Miterben ab und übernahmen es, ihn von seinen Verpflichtungen gegen seine Ehefrau zu befreien; er trat alle Ansprüche aus dem Vertrag an sie ab. Sie klagten auf Feststellung, daß sie nicht verpflichtet seien, Zahlungen an die Frau zu leisten, solange sich die Vermögensverhältnisse des Ehemanns nicht wesentlich besserten. Das Berufungsgericht wies die Klage ab. Während des Revisionsverfahrens starben die beiden Schwestern; an ihre Stelle traten ihre Erben. Die Revision hatte keinen Erfolg. Sie war darauf gestützt, daß der Vertrag vom Jahr 1924 ungültig gewesen sei, weil er die Scheidung der Eheleute erleichtert habe. Mit Recht hatte das Berufungsgericht den Vertrag für gültig erklärt.

Das Urteil des Landgerichts war durch zwei fachärztliche Gutachten gestützt gewesen; wenn auch der Pfleger pflichtgemäß die Einlegung der Berufung ins Auge gefaßt hatte, bestand doch kein Anhalt dafür, daß er das Scheidungsurteil für unrichtig oder die Berufung für aussichtslos gehalten hatte. Durch den Vertrag war die Scheidung weder ermöglicht noch erleichtert, sondern nur das Scheidungsverfahren abgekürzt worden. Wenn sich auch später der Zustand der Frau gebessert hatte, ließ sich daraus kein Schluß auf die Unrichtigkeit des Scheidungsurteils ziehen; bei der Stellungnahme zu der Frage, ob eine Aussicht auf Wiederherstellung der geistigen Gemeinschaft ausgeschlossen erscheint, handelt es sich um Feststellungen, die in besonders hohem Maße nur als ausreichend wahrscheinlich getroffen werden können. Zudem ist ein Unterhaltsabkommen nicht schon dann nichtig, wenn es die Scheidung ermöglicht oder erleichtert, sondern erst dann, wenn die an dem Abkommen beteiligten Personen damit das Ziel verfolgen, eine Scheidung herbeizuführen, obwohl sie einen nicht bestehenden Scheidungsgrund geltend gemacht haben. Die Revision hatte weiter ausgeführt, daß der Verzicht des Ehemanns auf Einwendungen gegen den Vertrag nur jene Fälle umfaßt habe, welche sich die Vertragsteile wenigstens als möglich vorgestellt hätten. Durch die Vernehmung des Notars war aber festgestellt worden, daß der Unterhaltsanspruch der Beklagten ohne Rücksicht auf irgendwelche künftige Änderungen der Verhältnisse unbedingt gesichert werden sollte. Der Verzicht des Ehemanns auf Einwendungen war also auch für solche Ereignisse wirksam, die bei Abschluß des Vertrags als ausgeschlossen angesehen wurden. Der Ehemann selbst konnte, da er zur Leistung des Unterhalts nicht mehr imstande war, gegenüber Forderungen der Frau den Einwand der unzulässigen Rechtsausübung erheben. Daß der Gläubiger seine Rechte niemals gegen Treu und Glauben geltend machen kann, ist ein allgemeiner Grundsatz, demgegenüber auch die auf der Grundlage der Vertragsfreiheit wirksam getroffenen Abreden weichen müssen, soweit andernfalls ein für die Volksgemeinschaft untragbares Ergebnis eintreten würde. Der Bürge und seine Rechtsnachfolger konnten sich aber auf die Verarmung des Hauptschuldners nicht berufen. Es würde gegen Treu und

Glauben verstoßen, wenn der Bürge aus einem Vermögensverfall, der ihn gar nicht traf, einen Nutzen zöge, der im klaren Gegensatz zum Willen der Vertragsbeteiligten den Zweck der Bürgschaft vereitelte. Die Bürgschaft für eine gesetzliche Unterhaltsforderung ist ein Sonderfall. Wird infolge von Abreden, wie sie hier getroffen waren, die Unterhaltsforderung durch veränderte Vermögensverhältnisse des Schuldners nicht berührt, so kann auch die Bürgschaft nicht durch den Vermögensverfall des Schuldners verändert werden. Eine solche Bürgschaft ist in Wahrheit ein Gewährvertrag. (IV, 14. März 1940.)

Amtl. Sammlg. S. 91—100.

Vgl. Bd. 159 S. 157; JW. 1935 S. 2619.

18. **Abstammung. Feststellungsklage.** (ZPO. §§ 256, 628, 640.) Während eines Rechtsstreits auf Feststellung, daß der Beklagte der blutmäßige Vater des Klägers sei, starb der Beklagte. Der Kläger setzte den Rechtsstreit gegen die Erben fort. Das Berufungsgericht erklärte die Hauptsache für erledigt und legte dem Kläger die Kosten auf. Seine Revision hatte keinen Erfolg. Auf die Feststellung der blutmäßigen Abstammung ist das Verfahren nach §§ 640 ff. ZPO. entsprechend anzuwenden. § 640 verweist auf § 628; hienach ist in einem Verfahren in Ehesachen der Rechtsstreit in Ansehung der Hauptsache als erledigt anzusehen, wenn einer der Ehegatten vor der Rechtskraft des Urteils stirbt. Die Vorschrift ist auch auf Klagen der vorliegenden Art anzuwenden. Daß eine solche Klage nicht gegen jemand gerichtet werden kann, weil er der Erbe des angeblichen Erzeugers ist, liegt auf der Hand. Der Erbe rückt in die Rechtsstellung seines Erblassers nur auf vermögensrechtlichem Gebiete ein; das auf Abstammung beruhende Rechtsverhältnis hat seine Bedeutung keineswegs auf dem Gebiete des Vermögensrechts. Auch wenn der Erbe mit dem angeblichen Erzeuger blutsverwandt ist, rechtfertigt das nicht die Fortsetzung des Rechtsstreits gegen ihn. Demgemäß kann eine Klage auf Feststellung blutmäßiger Abstammung gegen den Erben des angeblichen Erzeugers weder erhoben noch fortgesetzt werden. Dem Bedürfnis nach einer solchen Feststellung abzuhelfen, ist nicht Aufgabe der Rechtsprechung. (IV, 21. März 1940.) Amtl. Sammlg. S. 100—104.

Vgl. Bd. 160 S. 293.

19. Gerichtsvollzieher. Haftung. Verschulden. Grobe Fahrlässigkeit. (DBeamtG. § 23; RErbhG. §§ 7, 8, 38; ZPO. § 811 Nr. 4.) Ein Gerichtsvollzieher pfändete auf dem Erbhof eines Bauern zwei diesem gehörige Kühe. Auf die Erinnerung des Schuldners, daß die Kühe als Erbhofzubehör unpfändbar seien, gab der Gläubiger die Tiere frei und verlangte vom Deutschen Reich Ersatz, weil der Gerichtsvollzieher durch die verbotene Pfändung schuldhaft seine Amtspflicht verletzt habe. Das Reich ersetzte die Kosten und nahm gegen den Gerichtsvollzieher Rückgriff. Das Kammergericht wies die Klage ab. Das Reichsgericht gab ihr statt. In einen Erbhof kann wegen einer Geldforderung nicht vollstreckt werden. Der Vollstreckungsschutz ergreift auch das im Eigentum des Bauern stehende Zubehör; dieses umfaßt das auf dem Hof für die Bewirtschaftung vorhandene Vieh. Die Pfändung verstieß gegen diese Vorschriften; durch ihre Vornahme verletzte der Beklagte eine ihm auch gegenüber dem Gläubiger obliegende Amtspflicht. Bei Anwendung der von seinem Amt erforderlichen Sorgfalt hätte der Beklagte erkennen müssen, daß die Kühe für die Bewirtschaftung des Hofes nötig waren. Für den Schaden, der dem Gläubiger erwuchs, hatte an Stelle des Beklagten das Reich einzutreten. Dieses konnte gegen den Beklagten Rückgriff nehmen, wenn diesem Vorsatz oder grobe Fahrlässigkeit zur Last fiel. Grob fahrlässig handelt ein Beamter, wenn er schon einfachste, ganz naheliegende Überlegungen nicht anstellt oder die nach Lage des Falles gebotene Sorgfalt in besonders hohem Maße außer acht läßt. Der Beklagte hatte sich darauf berufen, daß die Frau des Schuldners ihm erklärt habe, die Schuld werde in ein paar Tagen beglichen werden; er könne einstweilen die beiden Kühe pfänden. Auf den Schutz des volkspolitisch wichtigen Vollstreckungsverbotes konnte aber die Frau des Schuldners so wenig wie dieser selbst verzichten. Wenn der Beklagte das nicht beachtete, lag darin ein grober Verstoß. Das gleiche traf zu, wenn der Beklagte die Pfändung für zulässig hielt, weil nach seiner Auffassung die Kühe für die Bewirtschaftung des Erbhofs entbehrlich waren. Die Unpfändbarkeit von Hofzubehör ist nicht davon abhängig, daß der Schuldner die Zubehörstücke für seinen Wirtschaftsbetrieb notwendig braucht; es genügt, daß sie der Bewirtschaftung irgendwie dienen. Der Beklagte war zur Zeit der Vollstreckung schon seit einem Jahr als Gerichtsvollzieher in einem ländlichen Bezirk tätig, stand also erbhofrechtlichen Verhältnissen beruflich keineswegs fern. Ganz naheliegende Überlegungen mußten ihn zu dem Schlusse führen, daß die Kühe nicht gepfändet werden durften. Wenn er ohne eigene Prüfung zum gegenteiligen Schluß gelangte, konnte ihm der Vorwurf grober Fahrlässigkeit nicht erspart bleiben. Mit der Erwägung, der Beklagte habe sich auf Klärung etwaiger Zweifel an der Zulässigkeit der Pfändung durch den Vollstreckungsrichter verlassen dürfen, war sein Vorgehen nicht zu entschuldigen; der Gerichtsvollzieher darf nicht, darauf bauend, daß es ein Beschwerderecht gibt, aufs Geratewohl vollstrecken. (V, 21. März 1940.)

Amtl. Sammlg. S. 104—112.

20. **Diensterfindung. Tarifordnung.** (BGB. § 611; ArbOrdnG. § 32.) Zwischen einer Chemikerin, die bei der bayerischen Landesanstalt für Pflanzenbau tätig war, und einer chemischen Fabrik, kam ein Anstellungsvertrag zustande, der auch von dem Direktor der Landesanstalt unterzeichnet wurde. Nach dem Vertrag wurde sie der Landesanstalt als wissenschaftliche Hilfskraft zur Verfügung gestellt; diese trat neben der Fabrik zu ihr in ein Vorgesetztenverhältnis; sie hatte ihren Dienst auch in den Räumen der Landesanstalt zu versehen. Ihre Aufgabe war die Beizung von Saatgut zur Verhütung von Getreidekrankheiten. Die Fabrik sandte ihr zahlreiche Proben von Saatgutbeizmitteln mit dem Auftrag, ihre Wirkung zu untersuchen; die Zusammensetzung neuer Beizmittel fiel nicht in den Bereich ihrer Tätigkeit. Im Dezember 1936 meldete sie beim Reichspatentamt eine Erfindung auf Herstellung einer Saatgutbeize ohne Verwendung von Quecksilber an. Die Fabrik verlangte, daß die Anmeldung auf sie übertragen werde. Das Berufungsgericht wies die Klage ab. Das Reichsgericht verwies die Sache zurück. Die Beklagte war Angestellte der Klägerin; diese hatte nur die Dienstleitung der Landesanstalt übertragen. Die Klägerin konnte also als Dienstherrin der Beklagten eine von dieser gemachte Erfindung für sich verlangen, falls diese als Betriebserfindung anzusehen war oder ihr auf Grund des Dienstvertrags als Diensterfindung gebührte. Als Betriebserfindung war die Erfindung nicht anzusehen, weil

sie nicht in solchem Maße durch Erfahrungen, Einrichtungen, Anregungen und Vorarbeiten des Betriebs ermöglicht oder gefördert worden war, daß die erfinderische Tätigkeit der Beklagten außer Betracht blieb. Der Dienstvertrag enthielt keine Bestimmungen über eine erfinderische Tätigkeit der Beklagten; gleichwohl konnte seine Auslegung zu einer Billigung der Auffassung der Klägerin führen, wenn die von der Beklagten gemachte Erfindung ihrer Art nach in den Rahmen ihrer dienstlichen Obliegenheiten fiel. Die Beklagte hatte die ihr von der Klägerin übersandten Beizmittel auf ihre Wirksamkeit zu prüfen und über das Ergebnis der Untersuchung zu berichten. Es handelte sich dabei um eine untergeordnete Tätigkeit, was sich auch aus der Vergütung (monatlich 250 *RM*) entnehmen ließ. Forschungen und Versuche über neuartige Anwendungsformen von Beizmitteln gehörten nicht zum Aufgabenkreis der Beklagten. Die Klägerin war also nach dienstvertraglichen Grundsätzen nicht berechtigt, die Erfindung der Beklagten für sich in Anspruch zu nehmen. Zu prüfen war aber, ob ihr Anspruch nach Tarifrecht begründet war. Als tarifliche Regelung kamen der Reichstarifvertrag für die akademisch gebildeten Angestellten der chemischen Industrie (Akademikertarifvertrag) und der Tarifvertrag für die kaufmännischen und technischen Angestellten und Werkmeister der chemischen Industrie in Bayern (Werkmeistertarifvertrag) in Betracht. Beiden Tarifverträgen ist die Bestimmung gemeinsam, daß eine dem Unternehmer zustehende Diensterfindung auch dann vorliegt, wenn die Verwertung oder Verwendung der Erfindung in den Rahmen des Unternehmens fällt. Für die Beklagte kam nur der Werkmeistertarifvertrag in Frage, da sie keine abgeschlossene Hochschulbildung genossen hatte. Sie bestritt die Anwendbarkeit dieses Vertrags, weil sie nicht Mitglied einer an dem Vertrag beteiligten Arbeitnehmervereinigungen war. Seit dem 1. März 1932 war aber der Tarifvertrag für allgemeinverbindlich erklärt und erfaßte darum auch das Arbeitsverhältnis der Beklagten. Das Berufungsgericht hatte es für ausgeschlossen angesehen, daß die Beklagte dadurch hinsichtlich ihrer Erfindung schlechter gestellt sein konnte als nach ihrem Arbeitsvertrag, weil das dem im Tarifvertrag aufrechterhaltenen Günstigkeitsgrundsatz widersprochen hätte. Die Erfindung war aber erst nach dem Inkrafttreten des Arbeitsordnungsgesetzes (1. Mai 1934) gemacht worden. Neben diesem Gesetz war der Werkmeistertarifvertrag in Geltung geblieben; er war als Tarifordnung aufrechterhalten worden und hatte damit die Bedeutung einer gesetzlichen Vorschrift erlangt. Er bestimmt jetzt von Gesetzes wegen, was als Diensterfindung anzusehen ist. Diese Vorschrift ist zwar abdingbaren Rechts, wenigstens insoweit, als abweichende Vereinbarungen zugunsten des Angestellten zulässig sind. Solche Vereinbarungen müssen aber besonders — sei es ausdrücklich, sei es durch schlüssiges Verhalten — getroffen werden. Es kam also nicht darauf an, ob die Beklagte angesichts des Fehlens einer einschlägigen Bestimmung im Anstellungsvertrag nach allgemeinen dienstvertraglichen Grundsätzen nicht gehalten war, Erfindungen der in Betracht kommenden Art der Klägerin zur Verfügung zu stellen; vielmehr mußte entscheidend sein, ob ihr das nach dem Sinn des Anstellungsvertrages erlassen sein sollte. Das traf zu, wenn die Klägerin sich überhaupt mit den Rechten begnügen wollte, die ihr nach allgemeinen dienstvertraglichen Grundsätzen an etwaigen Erfindungen der Beklagten zustanden, was insbesondere angenommen werden konnte, wenn sie etwa absichtlich und in Abweichung von ihrer sonstigen Übung unterließ, eine entsprechende Bestimmung in den Anstellungsvertrag aufzunehmen. (III, 22. Dezember 1939.)

Amtl. Sammlg. S. 112—121.

Vgl. RAG. Bd. 17 S. 241; Bd. 20 S. 16.

21. Arrest. Hypothek. Grundbuchrichter. Amtshaftung. Rechtsmittel. Mitverschulden. (BGB. §§ 254, 839; GBO. a. F. § 54, n. F. § 53; ZPO. §§ 867, 932.) Auf Grund eines Arrestbefehls beantragte ein Rechtsanwalt die Eintragung einer Hypothek auf zwei Grundstücken des Schuldners, die auf demselben Grundbuchblatt eingetragen waren. Sie wurde unverteilt auf den beiden Grundstücken eingetragen. Die Grundstücke wurden zum Zweck der Zwangsversteigerung beschlagnahmt; der Gläubiger der Arresthypothek trat dem Verfahren bei. Im Zwangsversteigerungstermin wurde festgestellt, daß die Forderung nicht auf die beiden Grundstücke verteilt war; die Arresthypothek wurde daraufhin von Amts wegen gelöscht. Das Zwangsversteigerungsverfahren wurde eingestellt. Es war ein

Höchstgebot von 6200 *RM* abgegeben worden; von diesem wäre auf die Arresthypothek ein Betrag von rund 5600 *RM* entfallen. Da nachträglich die Grundstücke weiterbelastet worden waren, war ein neuerliches dingliches Vorgehen aussichtslos. Der Gläubiger der Arresthypothek klagte auf Grund der Annahme, daß der Grundbuchrichter seine Amtspflicht verletzt und dadurch den Schaden herbeigeführt habe, gegen das Deutsche Reich auf Schadenersatz. Der Grundbuchrichter trat dem Streite bei und legte gegen das Urteil des Berufungsgerichts, das der Klage stattgab, Revision ein. Sie hatte keinen Erfolg. Das Verschulden des Grundbuchrichters war darin zu erblicken, daß er den dem Gesetz (ZPO. §§ 867, 932) nicht entsprechenden Antrag nicht zurückgewiesen, sondern eine unwirksame Hypothek eingetragen hatte; im Falle der Zurückweisung wäre ein neuer Antrag eingereicht worden und die Eintragung einer wirksamen Hypothek wäre möglich gewesen. Die Haftung des Reiches war gegeben, da der Arrestschuldner mittellos war; eine Klage gegen den Rechtsanwalt, der den unrichtigen Antrag gestellt hatte, war verjährt. Die Revision war vor allem darauf gestützt, daß der Kläger schuldhaft unterlassen habe, den Schaden durch den Gebrauch eines Rechtsmittels abzuwenden. Daß ihn selbst in dieser Hinsicht kein Verschulden traf, hatte das Berufungsgericht festgestellt; in Frage kam aber, ob der Rechtsanwalt, der in der Verpflichtung der Schadenabwendung im Verhältnis zum Reich als Erfüllungsgehilfe des Klägers anzusehen war, sich gegen diese Verpflichtung verfehlt hatte. Unter Rechtsmitteln im Sinne des § 839 Abs. 3 BGB. sind alle Rechtsbehelfe zu verstehen, die sich gegen die schädigende Amtshandlung richten und nach gesetzlicher Ordnung ihre Beseitigung oder Berichtigung ermöglichen; aber immer muß es sich darum handeln, daß durch den Rechtsbehelf nicht nur dieser Erfolg, sondern auch die Abwendung des Schadens ermöglicht würde. Der Schaden war dadurch eingetreten, daß der Grundbuchrichter eine nichtige Hypothek in das Grundbuch eingetragen hatte. Die Anregung zur Vornahme der Löschung war als Rechtsmittel anzusehen; aber mit der Löschung war der Schaden des Klägers nicht beseitigt. Hiezu hätte es eines neuen Antrags bedurft, der als Rechtsmittel selbst dann nicht hätte angesehen werden können, wenn er mit der Anregung auf Löschung der unwirksamen Hypothek verbunden worden wäre. Auch ein Mitverschulden des Klägers oder seines Anwalts stand der Klage nicht entgegen. Von einem solchen konnte nur die Rede sein, wenn diese versäumt hatten, nach Eintragung der nichtigen Hypothek Schritte zur Abwendung des Schadens zu tun; erst von diesem Zeitpunkt an bestand zwischen dem Kläger und dem beklagten Reich eine schuldrechtliche Beziehung. Für den vom Rechtsanwalt bei der Einreichung des Antrags begangenen Fehler hatte der Kläger nicht einzustehen. Durch die Eintragung der nichtigen Hypothek war der Schaden jedenfalls in höherem Maße verschuldet worden, als dadurch, daß der Anwalt des Klägers die Nachricht von der Eintragung nicht sorgfältig geprüft und die Löschung nicht beantragt hatte. Die Kosten der Revision hatte der Streithelfer zu tragen, weil an dem Revisionsverfahren das Deutsche Reich sich nicht beteiligt hatte. (V, 12. März 1940.)

Amtl. Sammlg. S. 121—126.

Vgl. Bd. 138 S. 114; Bd. 150 S. 323; JW. 1935 S. 772; 1938 S. 1029.

22. **Protektorat. Ehescheidung. Zuständigkeit.** (ZPO. § 606.) Ein Tscheche, der im Deutschen Reich wohnte, schloß mit einer Reichsdeutschen die Ehe. Die Klage der Frau auf Scheidung wurde vom Landgericht abgewiesen. Das Berufungsgericht verwies die Sache zurück. Die Revision des Beklagten hatte keinen Erfolg. Wenn beide Ehegatten Ausländer sind, kann die Scheidungsklage im Inland nur erhoben werden, wenn das inländische Gericht auch nach den Gesetzen des Staates zuständig ist, dem der Ehemann angehört. Das Berufungsgericht hatte angenommen, daß nach dem Zerfall der tschechoslowakischen Republik die Parteien ihre bisherige Staatsangehörigkeit verloren hätten und entweder deutsche Reichsangehörige oder staatenlos geworden seien. Das Reichsgericht erklärte, daß die Hoheitsrechte des Protektorats, das zum Gebiete des Großdeutschen Reiches gehört, von diesem abgeleitet sind und daß demgemäß für eine Anwendung der für Ausländer geltenden Vorschriften des § 606 ZPO. die Grundlage fehlte. (IV, 30. März 1940.)

Amtl. Sammlg. S. 127—128.

23. Arzt. Eingriff. (BGB. §§ 276, 823.) Zu einem Arzt kam eine Frau, um ihn wegen einer Geschwulst an der rechten Brust zu Rate zu ziehen. Er schlug ihr die Entfernung der harten Stelle oder einen Einschnitt vor; sie war damit einverstanden. Beim Eingriff, der unter Betäubung stattfand, entfernte er ihr die ganze rechte Brust. Einen Teil der Geschwulst schickte er an das Pathologische Institut der Universität zur Untersuchung. Diese ergab, daß es sich um eine gutartige Geschwulst gehandelt hatte, die eine Entfernung der Brust nicht rechtfertigte. Die Frau klagte auf Schadenersatz. Sie forderte ein Schmerzensgeld von 6000 *RM* und die Feststellung der Verpflichtung des Beklagten zum Ersatz künftigen Schadens. Die Klage drang in allen Rechtszügen durch. Der Beklagte hatte einen ärztlichen Eingriff in den Körper der Klägerin vorgenommen, ohne daß dafür ein rechtfertigender Anlaß bestand. Die Klägerin war durch den Eingriff entstellt und in ihrer körperlichen Leistungsfähigkeit beeinträchtigt worden. Ein Verschulden des Beklagten konnte vor allem darin liegen, daß er den Eingriff vornahm, ohne vorher alle Mittel anzuwenden, die geeignet waren, die Notwendigkeit der Maßnahme klarzustellen. Als eine solche Erkenntnisquelle kam die Vornahme eines Probeausschnitts mit alsbaldiger mikroskopischer Untersuchung des entnommenen Teils der Geschwulst in Betracht. Das Berufungsgericht hatte angenommen, daß der Eingriff zwecks Vornahme einer beschleunigten mikroskopischen Untersuchung auf kurze Zeit hätte unterbrochen werden können. Dieser Auffassung trat das Reichsgericht nicht bei. Die sämtlichen in der Sache eingeholten ärztlichen Gutachten hatten die Frage verneint, ob dem Beklagten ein Verstoß gegen die Regeln der ärztlichen Kunst zur Last zu legen sei, wenn er sich auf Grund des vorliegenden Sachverhalts zur Abnahme der ganzen Brust entschloß, zumal die Mutter der Klägerin kurz zuvor an Krebs gestorben war. Gegenüber der Unmöglichkeit einer lückenlosen Aufklärung sämtlicher an sich denkbarer Zusammenhänge und gegenüber dem Zwang, die Entschließung oft in kurzer Zeit zu fassen, ist die ärztliche Kunst vielfach genötigt, sich mit einem denkbar hohen, der Gewißheit angenähertem Maße von Wahrscheinlichkeit zu begnügen. Das Berufungsgericht hätte auch prüfen müssen, wie in ähnlichen Fällen regelmäßig verfahren wird. Zu beachten war ferner, daß in dem Gutachten über die mikroskopische Untersuchung ausdrücklich darauf hingewiesen war, daß erfahrungsgemäß die Ergebnisse eiliger Untersuchungen nur mit größter Vorsicht beurteilt werden dürfen, und daß beim verwickelten Bau der Geschwulst sehr wahrscheinlich das Ergebnis einer solchen Untersuchung nicht eindeutig ausgefallen wäre. Das Urteil des Berufungsgerichts wurde aber durch die Feststellung getragen, daß die Klägerin sich mit dem Eingriff weder ausdrücklich noch stillschweigend einverstanden erklärt hatte. Auch nach dem neuesten Rechtszustande kommt dem Arzt keine allgemeine Befugnis zu, gegen den Willen des Kranken in dessen Körper einzugreifen. Der Beklagte hätte also die Klägerin über die von ihm vorausgesehene Möglichkeit, daß sich die Abnahme der ganzen Brust als notwendig erweisen werde, aufklären und ihr Einverständnis damit herbeiführen müssen. Der Umstand, daß die Mutter der Klägerin kurz zuvor an Krebs gestorben war und daß er ihr, um seelische Störungen zu vermeiden, verschweigen zu müssen glaubte, daß auch bei ihr Krebs vorliege, rechtfertigte sein Verhalten nicht. Auch die Erwägung, daß es in Fällen dieser Art schwierig, ja unmöglich sein kann, die Einwilligung des Kranken in den vom Arzt für notwendig gehaltenen Eingriff beizuschaffen, ohne ihm zugleich eine Vorstellung von der Natur seines Leidens zu übermitteln, konnte zu keiner anderen Beurteilung führen. Der Rechtssatz, daß dem Einzelnen — abgesehen von gesetzlichen Sonderbestimmungen und von der vom Arzt nicht verschuldeten Unmöglichkeit, die Einwilligung des Kranken einzuholen — auch gegenüber dem Arzt die Verfügung über seinen Körper vorbehalten bleiben muß, ist so allgemeiner Natur und wird durch so wohlbegründete Erwägungen gefordert, daß daran unbedingt festgehalten werden muß. Soweit die mit der Einholung verbundene Aufklärung die Herabdrückung der Stimmung des Kranken oder sogar seines allgemeinen Befindens zur Folge hat, handelt es sich um unvermeidbare Nachteile, die in Kauf genommen werden müssen. (III, 8. März 1940.) Amtl. Sammlg. S. 129—139.

Vgl. Bd. 151 S. 349.

24. Eheaufhebung. Arglistige Täuschung. Fortsetzung der Ehe. (EheG. § 38.) Eine Frau bestimmte einen Mann, mit dem sie wiederholt geschlechtlich verkehrt hatte, dadurch zur Eheschließung, daß sie wider besseres Wissen behauptete, infolge des Verkehrs schwanger geworden zu sein. Als er nach der Eheschließung von der Täuschung erfuhr, wollte er sich sofort von der Frau lossagen, hielt es aber für seine Pflicht, zunächst zu versuchen, ob er vergessen könne. Es kam dann wiederholt zum Geschlechtsverkehr zwischen den Ehegatten. Nach fünf Wochen trennte sich der Mann von der Frau und klagte auf Aufhebung der Ehe. In zwei Rechtszügen wurde die Klage abgewiesen. Das Reichsgericht gab ihr statt. Der außereheliche Geschlechtsverkehr mag dem Manne unter Umständen eine sittliche Pflicht auferlegen, die Frau zu heiraten, auch wenn sie nicht von ihm geschwängert worden ist. Das rechtfertigt aber nicht den Schluß, daß ein Mann, der, wie der Frau bekannt war, eine Ehe nicht eingehen wollte und dazu nur durch die Annahme einer eingetretenen Schwangerschaft veranlaßt wurde, bei richtiger Würdigung des Wesens der Ehe von der Eheschließung sich auch dann nicht hätte abhalten lassen sollen, wenn ihm der wahre Sachverhalt bekannt gewesen wäre. Die Untergerichte hatten festgestellt, daß der Kläger die Beklagte nicht geheiratet hätte, wenn er Kenntnis von der wahren Sachlage gehabt hätte. Sein Recht, Aufhebung der Ehe zu verlangen, ging allerdings verloren, wenn er das eheliche Leben fortsetzte, es sei denn, daß sein Wille, an dem Aufhebungsrecht festzuhalten, erkennbar in die Erscheinung trat. Es würde dem Gedanken des Ehegesetzes nicht entsprechen, wenn der getäuschte Ehemann, der in aufrechter Gesinnung zunächst versucht, sich mit dem schweren, ihm auferlegten Schicksal zu versöhnen, dann aber einsieht, daß ihm das nicht gelingt, nun den Nachteil erlitte, daß ihm sein Aufhebungsrecht verloren ginge. Der Versuch darf allerdings nicht soweit ausgedehnt werden, daß dadurch ein für längere Zeit unerträglicher Zwischenzustand entsteht. Im vorliegenden Falle dauerte die Fortsetzung der Ehe nicht solange, daß die Zeit ausreichte, um den Mann nach seinen schweren seelischen Erschütterungen wieder das Gleichgewicht finden zu lassen, dessen er bedurfte, um die sein ganzes Leben berührende Frage des

Fortbestehens seiner Ehe zu beantworten. (IV, 11. März 1940.) Amtl. Sammlg. S. 139—142.

25. **Vorkaufsrecht. Umbildung von Gemeinden.** (BGB. §§ 399, 513, 514; RG. vom 5. Juli 1934 über die Umwandlung von Kapitalgesellschaften; RG. vom 13. Dezember 1935 über die Veräußerung von Nießbrauchsrechten.) Der Landkreis Gelsenkirchen und die Landgemeinde Wanne schlossen sich im Jahr 1906 zu einer Gesellschaft bürgerlichen Rechts zusammen, um für einen in Wanne zu errichtenden Hafen Gelände zu erwerben und es der gewerblichen Verwertung zu erschließen. Die Gesellschaft erwarb unter dem Namen „Kanalhafen Wanne-Gelsenkirchen" vier Grundstücke; diese wurden später an eine G. m. b. H. veräußert. Bei den Veräußerungen wurde für die Gesellschaft Kanalhafen Wanne-Gelsenkirchen ein auf alle Verkaufsfälle sich erstreckendes Vorkaufsrecht vereinbart; im Grundbuch wurde es nur für drei Grundstücke eingetragen. Die G. m. b. H. veräußerte die Grundstücke an eine Bergwerksgesellschaft. Inzwischen war der Landkreis Gelsenkirchen aufgelöst und die Landgemeinde Wanne mit anderen Landgemeinden zur Stadtgemeinde Wanne-Eickel vereinigt worden. Im Kaufvertrag wurde ausgeführt, daß auf den sämtlichen Grundstücken zugunsten der Stadtgemeinde Wanne-Eickel als Rechtsnachfolgerin der Gesellschaft Kanalhafen ein Vorkaufsrecht bestehe und daß dieser Gelegenheit zur Ausübung des Rechts gegeben werden solle. Die Stadt Wanne-Eickel übte das Vorkaufsrecht aus und trat die dadurch entstandenen Rechte an eine neugegründete Hafenbetriebsgesellschaft ab. Die G. m. b. H. ließ die Grundstücke an diese auf; dagegen weigerte sich die Bergwerksgesellschaft, der Umschreibung des Eigentums auf diese zuzustimmen. Die Klage wurde vom Landgericht abgewiesen; in den oberen Rechtszügen drang sie durch. Das Landgericht war davon ausgegangen, daß das Vorkaufsrecht mit der Auflösung des Landkreises Gelsenkirchen und der Vereinigung der Landgemeinde Wanne mit anderen Gemeinden erloschen sei. Auch das Berufungsgericht hatte die Gesellschaft Kanalhafen Wanne-Gelsenkirchen als aufgelöst angesehen, aber angenommen, daß die Landgemeinde Wanne ihr Dasein unter Erweiterung ihres Gebietes in neuer Rechtsform und unter neuem Namen fortsetze und

darum die von ihr als Gesellschafterin erworbenen Rechte nach wie vor geltend machen könne. Im Ergebnis trat das Reichsgericht dieser Auffassung bei. Die Wirkung der Neuregelung von Gemeindegrenzen ist nach öffentlichem Recht zu beurteilen. In dem der Änderung zugrunde liegenden Gesetz ist die Stadtgemeinde Wanne-Eickel als Rechtsnachfolgerin sowohl des aufgelösten Landkreises Gelsenkirchen als auch der in ihr vereinigten Landgemeinden bezeichnet. Soweit der Vermögensübergang bürgerlich-rechtliche Wirkungen äußerte, waren diese nach bürgerlichem Recht zu beurteilen. Das Vorkaufsrecht war für die Gesellschaft Kanalhafen Wanne-Gelsenkirchen begründet worden. Träger des Gesellschaftsvermögens waren die beiden in der Gesellschaft vereinigten öffentlichen Körperschaften. Durch deren Auflösung wurde auch die Gesellschaft aufgelöst; ihre Anteile wurden in der Hand der Stadtgemeinde Wanne-Eickel vereinigt. Da das Vorkaufsrecht nicht übertragbar ist, ließ sich ein Vorkaufsrecht der Stadtgemeinde Wanne-Eickel nicht damit begründen, daß es ihr als Teilhaberin an einer aufgelösten und in Abwicklung begriffenen Gesellschaft zustehe. Die Lösung mußte aus dem Wesen der durch das Gesetz getroffenen Gebietsveränderungen gewonnen werden. Wenn der Staat durch Auflösung bestehender und Bildung neuer Körperschaften in die gemeindliche Verfassung eingreift, führt das wohl zum Erlöschen juristischer Personen und zur Rechtsnachfolge anderer an ihrer Stelle. Aber Formen und Begriffe sind nicht das Entscheidende; vielmehr kommt es auf das Wesen der Vorgänge an, wie es vom Sinn und Zweck des betroffenen Rechts aus sich erschließt. So gesehen erscheinen die Änderungen nur als bloßer Wandel in der Erscheinungsform des seinem Wesen nach unverändert gebliebenen Rechtsträgers. Die Änderung der Gebietseinteilung ließ darum die Anteilnahme am Bestande des Vorkaufsrechts unberührt. Nach wie vor war es eine gemeindepolitische Aufgabe der Stadt Wanne-Eickel, für eine der Volkswirtschaft zuträgliche Verwertung des Hafengeländes zu sorgen und hiezu erforderlichenfalls das zu diesem Zweck begründete Vorkaufsrecht auszuüben. Auch vom Standpunkt des Verpflichteten aus war die Gebietsänderung ein zufälliges, seine Lage nicht beeinflussendes Ereignis. Seine Rechtsstellung wurde nicht dadurch beeinträchtigt, daß ihm an Stelle der beiden, früher die Gesellschaft Kanalhafen Wanne-Gelsenkirchen bildenden Gemeindeverbände als Sachwalterin der Belange, zu deren Schutz das Vorkaufsrecht bestellt wurde, eine andere, über dasselbe Gebiet gesetzte Körperschaft gegenübertrat. Die Stadtgemeinde Wanne-Eickel setzte die in ihr aufgegangenen Rechtspersönlichkeiten nur in anderer Gestalt fort; eine Übertragung des Vorkaufsrechts war nicht eingetreten. Die der Stadtgemeinde Wanne-Eickel durch Ausübung ihres Vorkaufsrechts erwachsenen Ansprüche konnten formlos übertragen werden; darin lag weder eine unzulässige Ausübung des Vorkaufsrechts noch eine unzulässige Umgehung der die Übertragung ausschließenden Gesetzesvorschrift. Aus der Ausübung des dinglichen Vorkaufsrechts (für die Grundstücke, auf denen dieses eingetragen war) erwuchs der Klägerin das kraft Abtretung auf sie übergegangene Recht, von der beklagten Bergwerksgesellschaft die Zustimmung zu ihrer Eintragung als Eigentümerin zu fordern. Die Ausübung des persönlichen Vorkaufsrechts (für das vierte Grundstück) begründete Ansprüche nur gegenüber der G. m. b. H.; aus dem zwischen dieser und der beklagten Bergwerksgesellschaft im Kaufvertrag getroffenen Vereinbarung hatte aber das Berufungsgericht gefolgert, daß bei Ausübung des Vorkaufsrechts die beklagte Bergwerksgesellschaft der Klägerin das Grundstück überlassen und die Umschreibung bewilligen müsse. Das Reichsgericht erklärte diese Vertragsauslegung für möglich. Der Formvorschrift im § 313 BGB. war genügt, da die Vereinbarung in der notariellen Kaufurkunde zwar unvollkommen, aber hinreichend Ausdruck gefunden hatte. (V, 1. April 1940.)

Amtl. Sammlg. S. 142—156.

Vgl. Bd. 68 S. 213, 370; Bd. 108 S. 113; Bd. 123 S. 289; Bd. 148 S. 105; Bd. 155 S. 172; JW. 1911 S. 448.

26. **Anfechtung der Ehelichkeit. Blutprobe. Rechtskraft. Restitutionsklage. Staatsanwalt.** (BGB. § 1595 a; ZPO. §§ 586, 643; FamRÄndG. § 28.) Im Jahr 1931 wurde eine Ehe für nichtig erklärt, weil die Frau ihrem Ehemanne arglistig verschwiegen hatte, daß sie vor der Ehe außer mit ihrem Manne auch noch mit einem anderen Manne geschlechtlich verkehrt hatte. Der Ehemann focht die Ehelichkeit des bald nach Eingehung der Ehe gebo-

renenen Kindes an. Die Klage wurde im Jahr 1932 abgewiesen, weil das Kind und dessen Mutter zur Blutgruppe A gehörten und die Möglichkeit, die Vaterschaft des Klägers auszuschließen, verneint wurde. Das Urteil erlangte die Rechtskraft. Im Jahr 1939 wurde eine neue Blutuntersuchung vorgenommen; diese ergab, daß die Parteien in bezug auf die Merkmale M und N entgegengesetzt reinerbig waren und daß demgemäß der Kläger unmöglich der Erzeuger des Beklagten sein konnte. Der Kläger erhob darauf Restitutionsklage mit dem Antrag, unter Aufhebung des früheren Urteils festzustellen, daß der Beklagte nicht sein eheliches Kind sei. Das Landgericht erklärte die Klage für unzulässig, weil seit der Rechtskraft des Urteils schon mehr als 5 Jahre verstrichen waren; es ließ sie aber als neue Anfechtungsklage zu und gab ihr statt. Die Berufung des Beklagten wurde zurückgewiesen. Im Revisionsverfahren trat der Oberreichsanwalt dem Kläger als Streitgenosse bei. Die Revision des Beklagten wurde verworfen. Das Berufungsgericht hatte ausgeführt, daß es unerträglich wäre, wenn der Kläger auch weiterhin als ehelicher Vater des Beklagten nur deshalb gelten müßte, weil im Jahr 1932 seine Vaterschaft nicht ausgeschlossen werden konnte. Es hatte darum die Restitutionsklage trotz Ablaufs der Frist zugelassen. Das erklärte das Reichsgericht für ausgeschlossen. Auch den vom Landgericht eingeschlagenen Weg bezeichnete das Reichsgericht als ungangbar, weil die Anfechtungsfrist schon verstrichen war. Gehalten wurde aber das Urteil durch das Eintreten des Staatsanwalts. Aus dem Wortlaut des § 1595 a BGB. könnte allerdings gefolgert werden, daß eine Anfechtung der Ehelichkeit durch den Staatsanwalt ausgeschlossen ist, wenn der Ehemann selbst innerhalb der gesetzlichen Frist Anfechtungsklage erhoben hat. Eine solche Auslegung würde aber dem Sinne des Gesetzes nicht gerecht. Dieser geht dahin, daß der Staatsanwalt mit seiner Anfechtung bis zum Ablauf des ersten Jahres seit der Geburt des Kindes warten und während dieser Zeit dem Ehemann den Vorrang lassen soll. Auch die Rechtskraft des ersten Urteils stand der Klage des Staatsanwalts nicht entgegen. Das Anfechtungsrechts des Ehemanns und jenes des Staatsanwalts sind grundsätzlich verschiedene Gestaltungsrechte; der Staats-

anwalt machte also, indem er sich der Klage anschloß, ein neues Recht geltend. Bei der Bedeutung, die der Sippenzugehörigkeit eines Menschen nach nationalsozialistischer Auffassung zukommt, muß das Interesse an einer möglichst raschen und endgültigen Feststellung des Familienstandes hinter das öffentliche Interesse an einer Klarstellung der wirklichen Abstammung zurücktreten. Der Staatsanwalt kann sein Anfechtungsrecht auch in einem schon anhängigen Verfahren geltend machen; es wäre mit unerwünschter Verzögerung und Mehrkosten verbunden, wenn er auf eine neue Klage verwiesen würde. Ob der Staatsanwalt die Anfechtung für geboten erachtet, entscheidet er nach pflichtmäßigem Ermessen, das der gerichtlichen Nachprüfung nicht unterliegt. (IV, 18. März 1940.)
Amtl. Sammlg. S. 156—164.

27. **Unlauterer Wettbewerb. Ausländer.** (UnlWG. § 1.) In einer chemischen Fabrik wurde ein Arzneimittel zur Wiederbelebung bei plötzlichen Vergiftungen hergestellt, das die Bezeichnung „Coramin" führte. Der Grundstoff wurde aus dem Ausland bezogen. Eine andere Fabrik brachte ein ähnliches Heilmittel auf den Markt, dem sie die Bezeichnung „Cormed" gab. In einer medizinischen Zeitschrift wurde ein Aufsatz veröffentlicht, worin Cormed als ein dem Coramin ähnliches deutsches Heilmittel empfohlen wurde. Die Gesellschaft, der die Fabrik gehörte, ließ Sonderdrucke dieses Aufsatzes herstellen und versandte sie zu Werbezwecken. Das wurde ihr durch eine einstweilige Verfügung untersagt. Sie klagte auf Feststellung, daß ihr das Versenden des Aufsatzes nicht verboten werden könne. Die Klage wurde abgewiesen. Die Klägerin durfte sich zur Versendung des Aufsatzes nicht schon deshalb für befugt halten, weil es sich dabei um eine von ihr nicht beeinflußte wissenschaftliche Arbeit handelte. Die gewerbsmäßige Benutzung wissenschaftlicher Forschungsergebnisse durch einen Gewerbetreibenden läuft den Anforderungen des lauteren Wettbewerbs zuwider, wenn die wissenschaftliche Meinung zur Waffe im Wettbewerb gemacht wird. Aus der Betonung der deutschen Herkunft des „Cormed" und der gleichzeitigen gegensätzlichen Hervorhebung des Coramin ergab sich ohne weiteres, daß das Coramin als ausländisches Erzeugnis bezeichnet werden sollte. Das Reichsgericht hat wiederholt entschieden, daß es nicht sitten-

widrig ist, wenn sich der deutsche Kaufmann bei seiner Werbung der Anrufung des deutschen Nationalgefühls in der Weise bedient, daß er neben der Betonung der deutschen Art seines Unternehmens oder seiner Ware auch die Ausländereigenschaft seines Mitbewerbers hervorhebt oder dessen Ware als ausländisches Erzeugnis kennzeichnet. Diese Auffassung wurde nicht mehr festgehalten. Es ist schon fraglich, ob eine Ware als ausländische bezeichnet werden kann, wenn zu ihrer Herstellung ausländische Rohstoffe oder halbfertige Erzeugnisse verwendet werden. Gewiß bestehen Abschließungsbestrebungen fremder Länder, die zum Teil geradezu darauf abzielen, die deutsche Wirtschaft zu schädigen. Soweit es aber wirtschaftlicher Maßnahmen bedarf, um solchen Bestrebungen zu begegnen, können diese nur von Stellen ergriffen werden, die in der Lage sind, die wirtschaftlichen und politischen Zusammenhänge in ihrer Gesamtheit zu überblicken. Es wird vom gesunden Volksempfinden nicht gebilligt, wenn ein Gewerbetreibender einen ausländischen Wettbewerb benutzt, um durch einen Hinweis darauf seine eigenen Geschäfte zu fördern. Eine allgemeine Befugnis, mit der Hervorhebung der Zugehörigkeit eines Mitbewerbers oder seiner Waren zum Ausland Werbung zu treiben, kann auch nicht daraus hergeleitet werden, daß es vaterländischem Empfinden entspricht, zur Stärkung der deutschen Wirtschaft tunlichst deutsche Waren zu verbrauchen und sie vor den ausländischen zu bevorzugen. Es mochte begrüßenswert sein, wenn es der Klägerin gelungen war, ein ausländisches Heilmittel durch ein deutsches Erzeugnis zu ersetzen; die Empfehlung des Mittels durch Hervorhebung der ausländischen Herkunft des Wettbewerbserzeugnisses wurde aber damit noch nicht gerechtfertigt. (II, 25. November 1939.) Amtl. Sammlg. S. 164—176.

Vgl. Bd. 147 S. 1; Bd. 150 S. 55, 298.

28. **Unlauterer Wettbewerb. Ausländer.** (UnlWG. § 1.) Für den Festsaal einer Schule sollte ein Flügel erworben werden. Der Ankaufsausschuß verhandelte mit dem Vertreter einer Klavierfabrik, die ihren Hauptsitz in Amerika, in Deutschland aber eine Zweigstelle hatte, außerdem auch mit dem Vertreter einer deutschen Fabrik. Diese erklärte dem Sinne nach, ob denn das Erzeugnis einer ausländischen Fabrik für eine deutsche Schule überhaupt in Be-

tracht komme. Die Inhaber der amerikanischen Fabrik und ihr deutscher Vertreter klagten gegen den Vertreter der zweiten Fabrik auf Unterlassung des Hinweises, daß es sich bei ihr um ein ausländisches Unternehmen handle. Die Klage drang in allen Rechtszügen durch. Der Hinweis auf die Ausländereigenschaft eines Mitbewerbers ist grundsätzlich als wettbewerbsfremd und sittenwidrig anzusehen. Ob dieser Grundsatz einer Einschränkung bedarf, wenn es sich um die wettbewerbliche Bekämpfung der Angehörigen von Staaten handelt, die sich mit dem Deutschen Reich im Kriegszustand befinden und darauf ausgehen, die deutsche Wirtschaft zu vernichten, blieb dahingestellt. Grundsätzlich darf nur die eigene Leistung beim Wettbewerb entscheiden. Der Umstand, daß die vom Beklagten vertretene Fabrik durch das Auftreten der amerikanischen Fabrik möglicherweise geschäftliche Einbuße erlitt, rechtfertigte es nicht, daß dieser sich dagegen durch eine an sich wettbewerbsfremde Maßnahme, wie sie der Hinweis auf deren Ausländereigenschaft darstellte, zur Wehr setzte. Auch der Umstand, daß der Beklagte sich nur gegen die Aufstellung eines ausländischen Flügels in einer deutschen Schule wandte, stand der Verurteilung nicht entgegen, da er ganz allgemein in Anspruch nahm, im Wettbewerb auf die Ausländereigenschaft der Erstklägerin hinzuweisen. (II, 20. Dezember 1939.)

Amtl. Sammlg. S. 176—180.

Vgl. Bd. 147 S. 1; Bd. 150 S. 55, 298; Bd. 163 S. 164.

29. Beamter. Versetzung in den Ruhestand. Zustellung. (DBeamtG. §§ 78, 163, 183; DurchfVO. Nr. 9 zu § 184; BerBeamtG. §§ 6, 7 a; RDienstStrO. § 19; ZPO. § 187.) Der Bürgermeister einer preußischen Stadt wurde durch eine Verfügung des zuständigen Ministers vom 26. Juli 1937 auf Grund des Gesetzes zur Wiederherstellung des Berufsbeamtentums in den Ruhestand versetzt. Die Verfügung ging dem Regierungspräsidenten am 30. Juni 1937 zu; er leitete sie am 1. Juli 1937 zur Zustellung durch die Post an den Bürgermeister weiter. Dieser war am 1. Juli 1937 als Soldat zu einer Übung eingezogen worden. Das mit Zustellungsurkunde versehene Schreiben wurde ihm an den Ort seiner Ausbildung nachgesandt und dort formlos bei einem Appell ausgehändigt; spätestens geschah das am 13. Juli 1937. Auf eine Anfrage der Post bestätigte er am 3. August 1937 den Empfang des Schreibens; eine Bestätigung, daß er es zugestellt erhalten habe, lehnte er ab. Mit der Begründung, daß ihm seine Versetzung in den Ruhestand nicht in der gesetzmäßigen Weise zugestellt worden sei, klagte er auf Nach- und Weiterzahlung seiner früheren Bezüge. Die Klage drang in allen Rechtszügen durch. Die Frist zur Zustellung einer Verfügung, durch die ein Beamter auf Grund des Gesetzes über die Wiederherstellung des Berufsbeamtentums in den Ruhestand versetzt wurde, lief ursprünglich bis zum 14. Juli 1937; für den Fall, daß die Prüfung am 30. Juni 1937 noch nicht abgeschlossen war, wurde sie bis zum 30. September 1937 erstreckt. Bis zu diesem Zeitpunkt war aber dem Kläger die Verfügung nicht zugestellt worden. Daß eine solche Zustellung notwendig war, ergab sich aus § 163 des am 1. Juli 1937 in Kraft getretenen Deutschen Beamtengesetzes, da durch die Versetzung des Klägers in den Ruhestand seine Vermögensrechte berührt wurden. Es genügte nicht, daß dem Kläger die Verfügung überhaupt zugegangen war. Für die Zustellung sieht das Deutsche Beamtengesetz vier Möglichkeiten vor. Die vom Regierungspräsidenten versuchte Zustellung durch die Post war wirksam nicht zustande gekommen; das ergab sich schon daraus, daß die Aufnahme einer Zustellungsurkunde nicht nachzuweisen war. Die Zustellung kann auch durch Übergabe gegen Empfangsschein erfolgen. Als solche konnte die vom Kläger der Postbehörde gegenüber abgegebene Bestätigung nicht angesehen werden. Der Empfangsschein soll das Anerkenntnis des Beamten gegenüber seiner vorgesetzten Behörde über den Empfang des zuzustellenden Schriftstücks enthalten; diesem Erfordernis genügte die vom Kläger abgegebene Bestätigung nicht. Die weiteren Möglichkeiten der Zustellung kamen nicht in Frage. (III, 2. Februar 1940.) Amtl. Sammlg. S. 181—189.

Vgl. Bd. 124 S. 22.

30. Wucher. Gläubigeranfechtung. (ÖstABGB.) § 879; ÖstWuchVO. vom 12. Oktober 1914; ÖstAnfO. § 58.) Über ein Darlehen wurde ein Wechsel ausgestellt. Da er nicht eingelöst wurde, erwirkte der Gläubiger einen Zahlungsauftrag; dieser wurde rechtskräftig. Die Vollstreckung blieb ohne Erfolg. Der Schuldner hatte seiner Ehefrau

auf einem Grundstück eine Hypothek bestellt. Dieses Geschäft focht der Gläubiger an und klagte gegen die Frau auf Duldung, daß er seine vollstreckbare Forderung aus der Hypothek befriedige. Der Schuldner zeigte den Gläubiger wegen Wuchers an; dieser wurde hiewegen auch verurteilt. Die Beklagte berief sich darauf, daß dem Kläger keine Forderung zustehe und daß er darum auch die Hypothekbestellung nicht anfechten könne. In allen Rechtszügen wurde die Klage abgewiesen. Die Revision hatte geltend gemacht, daß die Forderung des Klägers auf dem rechtskräftigen Zahlungsauftrag beruhe; nicht dieser, sondern nur das zugrunde liegende Darlehen könne wegen Wucher nichtig sein. Aus einem wegen Wucher nichtigen Geschäft hat aber der Gläubiger keinen Anspruch gegen den Schuldner; der Umstand, daß für die Forderung ein Vollstrekkungsurteil erwirkt wird, heilt die Nichtigkeit keineswegs. Der Kläger hätte also seine Forderung gegen den Schuldner selbst nie vollstrecken können. Allerdings hatte er gegen diesen einen Anspruch auf Zurückzahlung dessen, was er aus dem nichtigen Geschäft zu seinem Vorteil erhalten hatte; dieser Anspruch entspringt aber nicht dem nichtigen Geschäft, sondern daraus, daß die zufolge des nichtigen Geschäfts eingetretene Vermögensverschiebung des Rechtsgrundes entbehrte. Durch die Anfechtungsordnung soll verhindert werden, daß dem Gläubiger durch ein Rechtsgeschäft des Schuldners ein Gegenstand entzogen wird, den er ohne dieses Rechtsgeschäft in Anspruch nehmen könnte. Daraus ergibt sich, daß der Gläubiger keine Anfechtungsbefugnis hat, wenn er auch ohne dieses Rechtsgeschäft die Befriedigung vom Schuldner selbst nicht hätte erlangen können. Diese Einwendung kann auch der Anfechtungsgegner selbst erheben. (VIII, 29. Februar 1940.)
Amtl. Sammlg. S. 189—192.

31. **Gemeindebeamter. Verzicht auf Ruhegeld. Unzulässige Rechtsausübung.** (BerBeamtG. §§ 4, 6; 4 und 6 BerBeamtÄndG.; DBeamtG. § 38.) Ein Gemeindebeamter in Baden wurde auf Grund des § 4 BerBeamtG. wegen politischer Unzuverlässigkeit entlassen. Auf seine Gegenvorstellungen wurde ihm eröffnet, daß die Umwandlung der Entlassung in eine Zurruhesetzung nach § 6 Ber.-BeamtG. in Frage kommen könne, wenn er auf höhere Bezüge, als sie ihm im Falle der Entlassung zuständen,

verzichte. Diesen Verzicht erklärte er mit dem Beifügen, daß er dazu im Hinblick auf die ungünstige Finanzlage der Stadt bereit sei. Er wurde darauf unter Aufhebung der Entlassung gemäß § 6 BerBeamtG. in den Ruhestand versetzt. Nachträglich berief er sich darauf, daß die Voraussetzung des Verzichts weggefallen sei, und klagte auf Zahlung des vollen Ruhegehalts. Die Klage drang mit dem Abmaße durch, daß Zinsen nicht zuerkannt wurden. Der Rechtsweg war zulässig. Nur über die Entlassung aus dem Amt und die Versetzung des Klägers in den Ruhestand hat die zuständige Behörde unter Ausschluß des Rechtswegs zu entscheiden, nicht aber über die vermögensrechtlichen Folgen. Die Revision ohne Rücksicht auf die Höhe des Streitwertes wurde auch bei Gemeindebeamten von der Rechtsprechung schon bisher als möglich anerkannt; die Frage ist nunmehr dadurch entschieden, daß nach dem Reichsbeamtengesetz die Gemeindebeamten mittelbare Reichsbeamte sind. Die Wirksamkeit des Verzichts war nach dem Gesetz über die Wiederherstellung des Beamtentums zu beurteilen. Nach diesem und seinen Ergänzungsgesetzen war die Umwandlung einer Entlassung nach § 4 BerBeamtG. in eine Zurruhesetzung nach § 6 zulässig, wenn das Verfahren bis zum 30. September 1934 anhängig wurde; das traf zu. Die Umwandlung war als Gnadenakt anzusehen. Ihre Rechtswirksamkeit hing nicht von jener des vorausgegangenen Verzichts ab; als staatlicher Hoheitsakt konnte sie nicht an eine von dem Willen des Beamten abhängige Bedingung geknüpft werden. Die Folge war (anders, als im bürgerlichen Recht), daß die Umwandlung wirksam blieb, auch wenn der Verzicht sich als unwirksam herausstellte. Die Wirksamkeit des Verzichts war nach Landesrecht zu beurteilen; das Reichsgericht war aber für die Nachprüfung der Entscheidung zuständig, weil die Lösung in den allgemeinen beamtenrechtlichen Grundsätzen zu suchen war, die auch das Landesrecht beherrschen. Nach § 38 DBeamtG. kann der Beamte auf die laufenden Dienstbezüge weder ganz noch teilweise verzichten. Eine entsprechende Vorschrift für Ruhegehaltsbezüge enthält das Beamtengesetz nicht; doch ist die für die Dienstbezüge aufgestellte Vorschrift auch auf sie anzuwenden mit der einzigen, hier nicht in Betracht kommenden Ausnahme, daß der Be-

amte aus dem Beamtenverhältnis völlig ausscheidet. Der Verzicht war also unwirksam. Ob die Einrede der unzulässigen Rechtsausübung begründet gewesen wäre, wenn der Kläger von vornherein auf Täuschung der zuständigen Behörden ausgegangen wäre, konnte dahingestellt bleiben, weil der Kläger bei Abgabe der Verzichtserklärung diese für wirksam gehalten hatte. Das Verlangen von Zinsen wurde abgewiesen, weil der Anspruch nicht auf Schadenshaftung aus Amtspflichtverletzung gestützt war, für die nachträgliche Forderung von Gehaltsbezügen aber eine Verzinsung nicht vorgesehen ist. (III, 23. Februar 1940.) Amtl. Sammlg. S. 193—200.
Vgl. Bd. 131 S. 87; Bd. 133 S. 313; Bd. 149 S. 51; Bd. 150 S. 337; Bd. 152 S. 1; Bd. 153 S. 244; Bd. 155 S. 248; Bd. 158 S. 18; JW. 1938 S. 1530.

32. **Genossenschaft.** Ausschluß. (GenG. §§ 34, 41, 68; ZPO. § 546.) Nach der Satzung einer Genossenschaft konnten Mitglieder ausgeschlossen werden, wenn sie durch ihr Verhalten die Genossenschaft geschädigt oder zu schädigen versucht hatten. Auf Grund dieser Bestimmung wurde ein Mitglied ausgeschlossen, das längere Zeit hindurch Mitglied des Vorstands oder des Aufsichtsrats gewesen war. Er klagte auf Feststellung, daß seine Ausschließung rechtsunwirksam sei. In zwei Rechtszügen drang die Klage durch. Das Reichsgericht verwies die Sache zurück. Die Revision war nur zulässig, wenn es sich um einen nichtvermögensrechtlichen Anspruch handelte. Das nahm das Reichsgericht an, weil der Kläger durch den Ausschluß aus der Genossenschaft nicht nur in seinem Vermögen, sondern durch den Vorwurf, er habe seine Pflichten verletzt, auch in seiner Ehre getroffen wurde. Die Klage war zunächst darauf gestützt, daß der neue Vorstand und Aufsichtsrat, die den Ausschluß beschlossen hatten, nicht ordnungsmäßig gewählt worden seien. Die Gründe, die der Kläger hiefür vorgebracht hatte, wären aber allenfalls geeignet gewesen, die Wahlen anzufechten; als unbedingte Nichtigkeitsgründe waren sie nicht anzuerkennen. Sie konnten also in der Klage nicht mit Erfolg geltendgemacht werden. Mit Recht hatte das Berufungsgericht angenommen, daß für den Ausschluß eine nur sachliche Schädigung der Genossenschaft nicht ausreicht, sondern daß ein Verschulden hinzutreten muß, daß aber

sowohl Vorsatz als Fahrlässigkeit hierfür ausreichen. Mit Rücksicht auf den Bildungsgrad des Klägers waren dessen Verfehlungen nicht als so schwer angesehen worden, um den Ausschluß zu rechtfertigen. Das Reichsgericht erklärte hierzu, daß allerdings die Genossenschaft die Pflicht hat, unter Berücksichtigung von Treu und Glauben und des zwischen ihr und dem Genossen bestehenden genossenschaftlichen Treuverhältnisses zu prüfen, ob der Sachverhalt den Ausschluß rechtfertigt; andernfalls läge in dem Ausschluß ein Rechtsmißbrauch, den der Genosse im Rechtsweg abwehren könnte. Im Streitverfahren hat die Genossenschaft die Berechtigung des Ausschlusses und damit in aller Regel auch die persönlichen Tatbestandsmerkmale zu beweisen. Rechtsirrig waren aber die Ausführungen des Berufungsgerichts über das Maß der an die Sorgfaltspflicht des Klägers als Vorstands- und Aufsichtsratmitglied zu stellenden Anforderungen. Die Verwaltungsträger einer Genossenschaft haften für die Sorgfalt eines ordentlichen Geschäftsmanns. An diesen Begriff ist ein sachlicher Maßstab anzulegen. Das Verwaltungsmitglied kann sich nicht auf Unfähigkeit zur Geschäftsführung oder Unkenntnis der Geschäfte berufen; es ist auch unerheblich, ob es sein Amt unentgeltlich oder gegen eine geringe Entschädigung versieht. Die Berechtigung der Ausschließung konnte nur durch solche Umstände dargetan werden, die vor dem Ausschließungsbeschluß lagen und zu dieser Zeit auch schon bekannt waren. Auf Umstände, die erst später bekannt geworden waren, könnte nur ein neues Ausschließungsverfahren gestützt werden. (III, 28. Februar 1940.) Amtl. Sammlg. S. 200—210.
Vgl. Bd. 88 S. 332; Bd. 89 S. 336; Bd. 148 S. 225; Bd. 154 S. 343; JW. 1927 S. 690; 1928 S. 222, 1569; 1931 S. 40; 1932 S. 1010; 1937 S. 1997, 2951.

33. **Beleidigung. Widerruf. Wiederholungsgefahr. Berechtigte Interessen.** (BGB. § 1004; StGB. §§ 185, 186, 193.) Ein Reisender einer Futtermittelhandlung warf seinem Dienstherrn vor, daß er die Kundschaft betrüge; er behauptete, 70 Fälle solcher Betrügereien aufgezeichnet zu haben. Daraufhin wurde er entlassen. Er wandte sich an die Rechtsberatungsstelle der Arbeitsfront und legte dieser seine Aufzeichnungen vor. Es kam zu einem Vergleich, in dem der Reisende erklärte, die beleidigenden Äuße-

rungen in der Aufregung getan zu haben. Da das ihm ausgestellte Zeugnis keine Beurteilung seiner Leistungen enthielt, erhob er Klage zum Arbeitsgericht auf Ausstellung eines ordnungsmäßigen Zeugnisses; auch hier legte er seine Aufzeichnungen vor. Gegenüber dem Kreisleiter der NSDAP., der er angehörte, behauptete er gleichfalls, sein früherer Dienstherr habe seine Kunden betrogen. Dieser klagte auf Unterlassung dieser Behauptungen. Das Berufungsgericht gab der Klage statt. Das Reichsgericht verwies die Sache zurück. Das Urteil des Berufungsgerichts hatte dem Beklagten zugebilligt, daß er berechtigte Interessen wahrgenommen und darum nicht rechtswidrig gehandelt habe; es hatte aber den Widerrufsanspruch auf Grund des § 1004 BGB. als berechtigt anerkannt. Die Anwendung dieser Vorschrift auf Fälle der vorliegenden Art war bisher in der Rechtsprechung des Reichsgerichts umstritten. Nunmehr gab das Reichsgericht zu, daß es die Gerechtigkeit erfordert, einen Anspruch auf Beseitigung widerrechtlicher, wenn auch nicht verschuldeter Beeinträchtigung zu gewähren, wenn diese noch fortdauert. Auch das Reichsarbeitsgericht hat ausgesprochen, daß eine in Wahrnehmung berechtigter Interessen zugefügte Ehrenkränkung jedenfalls dann nicht mehr aufrechterhalten werden darf, vielmehr auf Verlangen des Gekränkten widerrufen werden muß, wenn die Ehrenkränkung sich weiterhin schädigend auswirkt und sich entweder die Unrichtigkeit der behaupteten Tatsache herausgestellt hat oder doch eine Klärung in dem Maß erfolgt ist, daß bei verständiger Würdigung der gesamten Sachlage die Beschuldigung nicht mehr aufrechterhalten werden kann. Das Reichsgericht bemerkte hiezu, daß die Wiederholung der Behauptungen nach Wegfall des berechtigten Interesses als widerrechtlich anzuerkennen ist und darum das Widerrufsverlangen rechtfertigt. Zu prüfen ist aber einerseits, ob die Beeinträchtigung fortwirkt und ob der Widerruf zu ihrer Beseitigung geeignet ist, anderseits, ob die Unwahrheit der Behauptungen bewiesen oder doch höchst wahrscheinlich gemacht worden ist. Im vorliegenden Falle war das Fortwirken der Beleidigungen daraus hergeleitet worden, daß sie Bestandteil verschiedener Akten geworden, auch in den Kreisen der Parteien verbreitet worden waren. Daraus, daß die Behauptungen in erledigten Akten niedergelegt waren, konnte aber nicht darauf geschlossen werden, ob sie weiter fortwirkten; daß die Behauptungen etwa in weitere Kreise gedrungen sein sollten, konnte dem Beklagten, der sich allein an die zur Amtsverschwiegenheit verpflichteten Stellen gewandt hatte, nicht zur Last gelegt werden, mochte die Wiedergabe durch Angehörige dieser Stellen oder durch Angestellte des Klägers geschehen sein. Zu Unrecht hatte auch das Berufungsgericht die Erhebung von Beweisen für die Wahrheit der vom Beklagten aufgestellten Behauptungen mit der Begründung abgelehnt, der Kläger habe die Behauptungen durch die Vernehmung seiner Angestellten zum mindesten grundlegend erschüttert. Wenn das Berufungsgericht glaubte, daß die vom Beklagten vorgebrachten Fälle nicht genügten, um sein Verhalten zu rechtfertigen, hätte es ihn darauf aufmerksam machen müssen, zumal das Landgericht schon ohne einen ins einzelne gehenden Beweis die Klage abgewiesen hatte. Rechtsirrig war es auch, wenn das Berufungsgericht allein aus der Tatsache, daß der Beklagte während des Rechtsstreits stets weiter die Auffassung vertreten hatte, seine Behauptungen seien wahr, auf eine Wiederholungsgefahr geschlossen hatte. Dafür, daß der Beklagte die Behauptungen ohne Wahrnehmung berechtigter Interessen anderweit aufstellen würde, fehlte nach seinem bisherigen Vorgehen jeder Anhalt. (VI, 6. März 1940.)

Amtl. Sammlg. S. 210—219;

Vgl. Bd. 97 S. 343; Bd. 148 S. 114; RAG. Bd. 19 S. 260; JW. 1934 S. 408.

34. Ruhegehaltsangleichung. Halbstaatliche Unternehmungen. Konzern. Dachgesellschaft. (NotVO. vom 5. Juni 1931, Teil II, Kap. I §§ 7, 8; RG. vom 30. Juni 1933 zur Änderung von Vorschriften auf dem Gebiete des Beamten-, Besoldungs- und Versorgungsrechts.) Dem Vorstandsmitglied einer Aktiengesellschaft wurde bei seinem Ausscheiden im Jahr 1932 ein Ruhegehalt von monatlich 2500 *RM* bewilligt. Im Januar 1935 teilte ihm die Gesellschaft mit, daß sie als Körperschaft des öffentlichen Rechts (halbstaatliches Unternehmen) verpflichtet sei, das Ruhegehalt des Klägers dem eines Ministerialdirektors anzugleichen; sie berechnete es auf monatlich 945 *RM* und verlangte Zurückzahlung der seit dem 1. Oktober 1933 zuviel gezahlten Beträge. Gegenüber der Klage auf Fortzahlung der bewilligten Bezüge machte die Gesellschaft Verfehlungen des Klägers während seiner Dienstzeit geltend und stellte die Zahlungen völlig ein. Das Landgericht wies die Klage ab. Auf die Berufung des Klägers wurde die Gehaltskürzung als berechtigt anerkannt, nicht aber die Verweigerung der Zahlungen wegen Verfehlungen des Klägers. Beide Teile legten Revision ein. Das Reichsgericht verwies die Sache zurück. Die Zahlungsansprüche des Klägers hingen davon ab, ob die beklagte Gesellschaft nach § 8 der VO. vom 5. Juni 1931 in der Fassung vom 6. Oktober 1931 den Körperschaften des öffentlichen Rechts gleichzustellen war, die durch diese Verordnung verpflichtet wurden, die Dienstbezüge ihrer Beamten jenen der Reichsbeamten anzupassen. Das gilt u. a. für Konzerngesellschaften, wenn ihr Kapital und das Kapital der Zwischenglieder sich mit mehr als der Hälfte im Eigentum der übergeordneten Konzerngesellschaft oder von Körperschaften des öffentlichen Rechts befindet. Die Sache lag im vorliegenden Falle so: Das Vermögen der beklagten Aktiengesellschaft gehörte zu mehr als 25%, aber weniger als 50% der Pr. E.-AG. und der El.-AG. Das Vermögen der PrE. gehörte zu mehr als 50% der VEl.-AG.; das Vermögen der VEl. gehörte zu mehr als 50% dem Lande Preußen. Das Vermögen der El. gehörte zu mehr als 50% der SW.-AG.; das Vermögen der SW. gehörte zu 100% dem Lande Sachsen. Der Begriff der Konzerngesellschaft oder des Konzernunternehmens ist für das Aktienrecht durch § 15 AktG. dahin festgelegt, daß als solche sowohl das Unternehmen bezeichnet wird, das auf Grund von Beteiligungen oder sonst unmittelbar oder mittelbar unter dem beherrschenden Einfluß eines anderen Unternehmens steht, als auch das, welches in einem solchen Falle den beherrschenden Einfluß ausübt; das herrschende wie das abhängige Unternehmen gelten zusammen als Konzern. Die auf der kapitalmäßigen Beteiligung beruhende Abhängigkeit kann auch durch mehrere Zwischenglieder (Dachgesellschaft, Tochtergesellschaft) vermittelt werden. Von einem Konzern im Sinne der Verordnung kann aber keine Rede sein, wenn die Kapitalmehrheit, wie im vorliegenden Falle im Verhältnis der beklagten Gesellschaft zur PrE.-AG. und zur SW.-AG., unter zwei Gesellschaften verteilt ist, so daß keine von ihnen für sich allein die Mehrheit hat, und wenn diese beiden Gesellschaften auch nicht einmal unter einer Dachgesellschaft im Sinne des Konzernbegriffs vereinigt sind. Es geht insbesondere nicht an, das Deutsche Reich als Dachgesellschaft der Länder Preußen und Sachsen anzusehen, da das Reich den Ländern nur staatsrechtlich übergeordnet, an ihnen aber nicht kapitalmäßig im Sinne der Vorschrift beteiligt ist, die Länder vielmehr insbesondere ihre eigene Elektrizitätswirtschaft selbständig verwalten und insofern daher auch von einer wirtschaftlichen Abhängigkeit der Länder vom Reich auf diesem Gebiete keine Rede sein kann. Die Angleichungsbestimmungen der Verordnung vom 5. Juni 1931 (6. Oktober 1931) fanden also auf die beklagte Gesellschaft keine Anwendung. (II, 6. März 1940.)

Amtl. Sammlg. S. 219—227.

Vgl. Bd. 151 S. 25; RAG. Bd. 17 S. 239; Bd. 18 S. 92; Bd. 19 S. 129, 312.

35. Wasserversorgung. Störung der öffentlichen Sicherheit. Gesellschaftliche Nachprüfung. (PrALR. Einl. § 75; PrPolVerwG. §§ 14, 18, 19, 21, 41, 70.) Ein Tiefbauunternehmer pachtete ein Grundstück, um darauf eine große Kiesbaggerei und Kieswäscherei zu errichten. Der Oberbürgermeister der Stadt, in der das Grundstück gelegen war, verbot die Baggerung, weil dadurch die Wasserversorgung der Stadt, die auf dem angrenzenden Gelände ein Wasserwerk errichten wollte, gefährdet werde. Der Regierungspräsident hielt das Verbot aufrecht. Die Klage auf Entschädigung hatte keinen Erfolg. Das preußische Polizeiverwaltungsgesetz gibt den Polizeibehörden die Ermächtigung, im Rahmen der geltenden Gesetze die nach pflichtmäßigem Ermessen notwendigen Maßnahmen zu treffen, um von der Allgemeinheit Gefahren abzuwehren, durch welche die öffentliche Sicherheit und Ordnung bedroht wird. Wer durch sein Verhalten — wenn auch nicht schuldhaft — eine solche Bedrohung verursacht, ist Störer im Sinne des Gesetzes. Er kann, wenn er an seinem Vorhaben verhindert wird, keine Entschädigung wegen Beeinträchtigung seiner Rechtsausübung verlangen, weil er durch die Ausübung seines Rechts mindestens der Sache nach gegen die Rechtsordnung verstößt. Kein Privatrecht kann soweit gehen, daß daraus eine die öffentliche Sicherheit störende Gefahr erwächst. Wer diese Grenze überschreitet, fügt sich nicht in die höherstehenden Rechte der Volksgemeinschaft und handelt darum rechtswidrig. Ein dagegen gerichtetes Polizeiverbot kürzt ihn nicht in seinem Recht, sondern weist ihn nur in die Schranken seines Rechts zurück. Ein Aufopferungsanspruch, wie ihn § 75 EinlPrALR. für den Fall polizeilicher Eingriffe in Privatrechte vorsieht, kommt also in solchen Fällen nicht in Frage. Die Polizei untersagte dem Kläger den Gewerbebetrieb nicht als solchen, sondern nur seine Ausübung an dem gewählten Platz und in der gewählten Art. Das verstieß nicht gegen die Gewerbefreiheit. Wenn der Kläger mit seinem Baggereibetrieb das Grundstück als notwendiges Wassereinzugsgebiet unbrauchbar machte, beeinträchtigte das eine Lebensnotwendigkeit und damit die Sicherheit der Bevölkerung; das gegen ihn erlassene Verbot stellte sich als Verhütung einer Störung der öffentlichen Sicherheit dar. Ein Verschulden der Behörde bei Annahme der Gefährdung oder bei Wahl der Abwehrmittel, auf das ein Schadenersatzanspruch wegen Amtspflichtverletzung hätte gegründet werden können, hatte das Berufungsgericht verneint. Die Polizei hat zur Abwehr einer Gefahr tunlichst das den Betroffenen und die Allgemeinheit am wenigsten beeinträchtigende Mittel zu wählen. Die Wahl des Mittels ist eine Frage der Zweckmäßigkeit, also Ermessenssache, und daher abgesehen von den Fällen der Willkür und der schlechterdings falschen Handhabung des Ermessens der gerichtlichen Nachprüfung entzogen. Dagegen war die Prüfung der Gefährdung keine Ermessensfrage, sondern die notwendige Feststellung einer Tatsache. Den Vorwurf, daß die Polizeibehörde bei Feststellung der Gefährdung die gebotene Sorgfalt außer acht gelassen habe, hatte das Berufungsgericht mit der Begründung zurückgewiesen, daß nicht weniger als 6 Gutachten übereinstimmend die Wasserversorgung der Stadt durch den Baggereibetrieb für gefährdet erklärt hatten. Verfahrensrechtliche Rügen gegen diese Beweiswürdigung waren nicht erhoben. Damit war bedenkenfrei festgestellt, daß der Polizei bei der Annahme der Gefährdung der Wasserversorgung durch den Baggereibetrieb des Klägers kein Verschulden nachzuweisen war. (III, 15. März 1940.) Amtl. Sammlg. S. 228—233.

Vgl. JW. 1932 S. 2866.

36. Namensrecht. Firmenschlagwort. Unlauterer Wettbewerb. (BGB. § 12; UnlWG. § 16; HGB. § 37.) Eine G. m. b. H., die Maschinen und Anlagen zur Ausnutzung von Wasserkraft herstellte, wurde im Jahr 1909 unter der Firma Hydraulik in das Handelsregister eingetragen. Eine Aktiengesellschaft, die auf dem gleichen Gebiete tätig war, warb für ihre Erzeugnisse in Anzeigen, die unter ihrer Firma in kleineren Buchstaben das Wort „Hydraulik" enthielten. Die Klage der G. m. b. H. auf Verbot des Gebrauchs dieses Wortes drang durch. Das Berufungsgericht hatte festgestellt, daß das Wort Hydraulik als Hauptbestandteil der Firma der Klägerin sich mindestens seit dem Jahr 1924 als besondere Bezeichnung ihres Unternehmens durchgesetzt habe und zum Schlagwort für diese geworden sei. Ob die Bezeichnung Hydraulik, die neben der Bezeichnung der Gesellschaftsart den einzigen Bestandteil der Firma der Klägerin bildete, als Firmenschlagwort anzusehen war, konnte dahingestellt bleiben; die Klägerin konnte der Beklagten den Gebrauch des Wortes Hydraulik auch dann verwehren, wenn dieser Gebrauch firmenrechtlichen Grundsätzen nicht zuwiderlief. Mit Recht hatte das Berufungsgericht in der Verbindung des Wortes Hydraulik mit der Firma der beklagten Gesellschaft nicht nur eine sprachliche Verwendung jenes Wortes in seiner allgemeinen begrifflichen Bedeutung, sondern einen Hinweis auf das Unternehmen der Klägerin erblickt, das dem Verkehr unter diesem Namen bekannt war. Allerdings sind Name und Firma nur soweit schutzfähig, als ihnen Unterscheidungskraft zukommt. Der gewählte Name einer Sachfirma entbehrt deshalb in der Regel des Schutzes, wenn er aus Worten besteht, die dem allgemeinen Sprachschatz entnommen und daher Allgemeingut sind. Diese Regel gilt aber nicht ausnahmslos. Die Bedürfnisse des geschäftlichen Verkehrs erfordern, daß auch der Inhaber einer an sich nicht unterscheidungskräftigen Firma gegen deren unbefugte Benutzung einschreiten kann, wenn es ihm gelungen ist, ihr durch die besondere Art ihrer Verwendung oder aus sonstigen Gründen Verkehrsanerkennung als Bezeichnung seines Unternehmens und damit Unterscheidungskraft zu verschaffen. Die Klägerin konnte daher trotz der allgemeinen begrifflichen Bedeutung des Wortes Hydraulik Schutz für ihre gleichlautende Firma beanspruchen, wenn sie bei einem beträchtlichen Teile der von ihrer geschäftlichen Betätigung betroffenen Verkehrskreise unter diesem Namen bekannt geworden war. Sie konnte solchenfalls Unterlassung des Gebrauchs des Wortes Hydraulik verlangen, wenn nach der Art der Verwendung in den beteiligten Verkehrskreisen der Eindruck erweckt wurde, es handle sich um das unter diesem Namen bekannte Unternehmen der Klägerin oder um ein solches, das zu diesem in geschäftlichen Beziehungen stehe und sich deshalb der gleichen Bezeichnung bedienen dürfe. Damit blieb jede Verwendung des Wortes Hydraulik zulässig, die außerhalb des Kennzeichnungszwecks lag; die Beklagte war nicht behindert, sich des Wortes Hydraulik als Bezeichnung für ein bestimmtes Arbeitsfeld und die in seinen Rahmen fallenden Einrichtungen und Erzeugnisse zu bedienen. Es brauchte auch der Kennzeichnungskraft des Wortes Hydraulik in der Firma der Klägerin keinen Abbruch zu tun, wenn von anderen Firmen Hydraulik-Manometer und Hydraulik-Federn angepriesen wurden. Es handelte sich hier um die Erzeugnisse von Unternehmungen, mit denen die Klägerin nicht in Wettbewerb stand; auch hätte es besonderer Umstände (in Gestalt einer besonderen Druckanordnung oder einer sonstigen Hervorhebung des Wortes Hydraulik) bedurft, wenn in seiner bloßen Verwendung zur Kennzeichnung eines dem technischen Gebiete der Hydraulik angehörigen Erzeugnisses ein Hinweis auf den Betrieb der Klägerin hätte erblickt werden sollen. Die beklagte Gesellschaft hatte sich darauf berufen, daß das Wort Hydraulik von einigen Firmen als Drahtanschrift benutzt werde. Eine Drahtanschrift hat aber nur den Zweck, den Verkehr zwischen der Post und dem Anschriftinhaber zu vereinfachen und zu verbilligen; vom Verkehr wird ihr eine Kennzeichnungswirkung nicht beigelegt. Eine Verwechslungsgefahr war schon dadurch begründet, daß bei dem Leser der Anzeigen der Eindruck entstehen mußte, die Beklagte stehe zu der Klägerin in Beziehungen. Sie wurde auch dadurch nicht ausgeräumt, daß beide Parteien ihrem Kundenkreis als angesehene und lange bestehende Firmen des Fachgebiets genau bekannt waren; der Kundenkreis konnte sich ändern und auch Kunden, die beide Firmen kannten, wurden möglicherweise durch die Anzeigen zu der Annahme verführt, die Beklagte sei zu der Klägerin in Beziehungen getreten. (II, 16. März 1940.)

Amtl. Sammlg. S. 233—244.

Vgl. Bd. 114 S. 90; JW. 1930 S. 730; 1936 S. 2076.

37. **Ehescheidung. Zerrüttung. Beweislast.** (EheG. § 55.) Der Kläger hatte seine Frau und die gemeinschaftlichen Kinder im Jahre 1927 verlassen und seitdem von seiner Familie getrennt gelebt. Der auf § 55 EheG. gestützten Scheidungsklage widersprach die Frau. In allen Rechtszügen wurde die Klage abgewiesen. Nach der Behauptung des Klägers hatte die Beklagte die Zerrüttung der Ehe dadurch herbeigeführt, daß sie ihn durch ständiges Nörgeln verärgert und ihm auch wiederholt den ehelichen Verkehr verweigert habe. Den ersten Grund erklärte das Berufungsgericht auch bei Unterstellung der Richtigkeit der Behauptung des Klägers nicht für geeignet, das Verlassen von Frau und Kindern und das jahrelange Fernbleiben von der Familie zu rechtfertigen. Die Verweigerung des ehelichen Verkehrs hatte die Beklagte damit begründet, daß sie den Kläger für geschlechtskrank gehalten habe, daß er in einem Falle auch betrunken gewesen sei. Für die Zulässigkeit des Widerspruchs, also dafür, daß der Kläger die Ehezerrüttung allein oder überwiegend verschuldet hatte, traf allerdings, unbeschadet des für das Eheverfahren geltenden Untersuchungsgrundsatzes, die Beklagte die Beweislast; soweit der Sachverhalt nicht aufgeklärt werden konnte, ging das also zu ihren Lasten. Daraus folgte aber nicht, daß auch in einem Falle, in dem der klagende Ehegatte die häusliche Gemeinschaft aufgehoben hat, von dem beklagten Teile schlechthin die Widerlegung der Behauptungen des Klägers über die Ursachen der Ehezerrüttung zu verlangen wäre. Der Ehegatte, der sich von der häuslichen Gemeinschaft lossagt, setzt sich jedenfalls äußerlich zunächst ins Unrecht. Nach der Lebenserfahrung ist ferner davon auszugehen, daß die Aufhebung der häuslichen Gemeinschaft geeignet ist, die Ehe zu zerrütten. In beiden Richtungen hat daher der klagende Ehegatte, wenn er den trennenden Schritt getan hat, die gegen ihn sprechende tatsächliche Vermutung zu entkräften. Wenn das Berufungsgericht ihn für beweisfällig erachtete, war darin kein Rechtsfehler zu finden. (IV, 16. März 1940.) Amtl. Sammlg. S. 244—246.

38. **Ehescheidung. Zerrüttung. Schuldausspruch.** (EheG. §§ 47, 49, 55, 56, 57, 59, 61.) Die Parteien hatten im Jahr 1913 die Ehe geschlossen; es waren zwei Kinder daraus hervorgegangen. Im Jahr 1924 klagte der Ehemann auf Scheidung, zog aber die Klage wieder zurück. Noch im gleichen Jahr verließ die Frau ihren Mann und nahm die Kinder mit sich. Seitdem lebten die Eheleute getrennt. Im Jahr 1938 klagte der Ehemann auf Scheidung mit der Begründung, daß die Frau schon vor der Trennung mehrfache Ehebrüche begangen habe, nach der Trennung ein ehebrecherisches Verhältnis eingegangen sei und ihn gegenüber der Tochter wie auch gegenüber anderen Personen verleumdet habe. Die Klage wurde, soweit sie auf die §§ 47, 49 EheG. gestützt war, für unbegründet erklärt; auf Grund des § 55 EheG. wurde die Ehe ohne Schuldausspruch geschieden. Der Kläger legte Berufung ein mit dem Antrag, die Beklagte für schuldig zu erklären. Sie wurde zurückgewiesen. Auch die Revision hatte keinen Erfolg. Eheverfehlungen, die zur Zeit der Erhebung der Klage länger als 10 Jahre zurücklagen, konnte der Kläger ohne Rücksicht darauf, wann er davon Kenntnis erlangt hatte, nicht mehr als selbständige Scheidungsgründe geltendmachen; die Frist lief auch während der Aufhebung der häuslichen Gemeinschaft. Solche Verfehlungen können aber zur Unterstützung einer auf andere Verfehlungen gegründeten Scheidungsklage herangezogen werden. Das galt für alle Verfehlungen, welche die Beklagte vor der Trennung begangen hatte. In die spätere Zeit fallende Verfehlungen konnten einen Scheidungsanspruch des Klägers nicht begründen, weil zu dieser Zeit die Ehe der Parteien schon so vollständig und tief zerrüttet war, daß eine Vertiefung der Zerrüttung nicht mehr Platz greifen konnte. Solche Eheverfehlungen können auch nicht in Verbindung mit älteren, als selbständige Scheidungsgründe nicht mehr verwertbaren Verfehlungen dem anderen Ehegatten einen Scheidungsanspruch an die Hand geben. Das Berufungsgericht hatte das Vorhandensein einer so schweren Zerrüttung aus den Vorwürfen gefolgert, die der Kläger in seiner früheren Klage gegen die Beklagte erhoben hatte. Wieweit diese Vorwürfe begründet waren, brauchte nicht geprüft zu werden. Allerdings hatte nach der Erhebung der Klage

noch ein ehelicher Verkehr stattgefunden; das Vorbringen des Klägers, daß die Beklagte nur seine sinnliche Begierde ausgenutzt habe, um ihm das Versprechen der Zurücknahme der Klage abzugewinnen, wurde aber vom Berufungsgericht für glaubhaft erachtet. Unter solchen Umständen konnte in dem Geschlechtsverkehr keine Verzeihung gefunden werden. Daß durch die vorübergehende Wiederaufnahme des ehelichen Verkehrs an der Zerrüttung der Ehe nichts geändert wurde, ergab sich auch schon daraus, daß es bald nachher zu einer dauernden Trennung kam. Mit der Berufung hatte der Kläger nur erstrebt, daß die Beklagte für schuldig erklärt werde. Die Scheidung selbst war also nicht Gegenstand der Nachprüfung. Im Falle einer Scheidung aus § 55 EheG. kann aber der Kläger die Schuldigerklärung der beklagten Partei, gegebenenfalls auch die Feststellung einer überwiegenden Schuld nur dann verlangen, wenn diese ihrerseits beantragt hat, den Kläger für schuldig zu erklären und mit diesem Antrag auch Erfolg gehabt hat. Das war hier nicht der Fall gewesen. (IV, 20. März 1940.)

Amtl. Sammlg. S. 246—252.

Vgl. Bd. 159 S. 120; Bd. 160 S. 104.

39. Kostenurteil. Anfechtung. (ZPO. § 99; VereinfVO. vom 1. September 1939 § 7.) Die Klage war auf Zahlung von 1500 *RM* gerichtet. Durch Teilurteil sprach das Landgericht dem Kläger 750 *RM* unter Vorbehalt der Entscheidung über die Restforderung und über die Kosten des Rechtsstreits zu. Im Schlußurteil wurde der Beklagte zur Zahlung von weiteren 375 *RM* verurteilt; im übrigen wurde die Klage abgewiesen. Die Kosten wurden zu 1/4 dem Kläger, zu 3/4 dem Beklagten auferlegt. Der Beklagte focht beide Urteile mit Berufung an. Die Berufung gegen das Schlußurteil wurde durch Beschluß verworfen, weil in der Hauptsache die Berufungssumme nicht erreicht war. Die Berufung gegen die Kostenentscheidung wurde vom Berufungsgericht zugelassen, weil sie das zulässigerweise mit Berufung angefochtene Teilurteil ergänze. Die sofortige Beschwerde des Beklagten wurde verworfen. Die im Schlußurteil zur Hauptsache getroffene Entscheidung konnte der Beklagte nicht anfechten, weil es an der Berufungssumme fehlte. Daran änderte auch die gleichzeitige Anfechtung des berufungsfähigen Teilurteils nichts.

Selbst wenn über beide Rechtsmittel gleichzeitig verhandelt und entschieden wurde, mußte für jedes die Berufungssumme erreicht sein. Im Kostenpunkte dagegen konnte das Schlußurteil, auch wenn insoweit die Entscheidung in der Hauptsache keiner Anfechtung zugänglich war, mit Berufung angefochten werden, wenn, wie es hier zutraf, die Kosten zu der im voraufgegangenen Teilurteil entschiedenen Hauptsache gehörten und gegen dieses Urteil von derselben Partei ebenfalls Berufung eingelegt wurde. Daraus, daß der Beklagte nach Rechtskraft des Verwerfungsbeschlusses zum Teilbetrag des Schlußurteils bereits endgültig unterlegen war, folgte nicht, daß die Kostenverteilung des Landgerichts, soweit sie ihn belastete, einem Berufungsangriff durch ihn teilweise entzogen wäre. Die Kostenentscheidung war einheitlich getroffen und konnte nicht in einen anfechtbaren und einen unanfechtbaren Teil zerlegt werden. Daß bei der Entscheidung des Rechtsmittelgerichts das Unterliegen des Beklagten zum Teilbetrag des Schlußurteils zu berücksichtigen war, betraf den Erfolg der Berufung, nicht ihre Zulässigkeit. In welcher Weise das zu geschehen hatte, war Sache des Berufungsgerichts, das über die Kosten des Rechtsstreits einschließlich jener des zulässigen Rechtsmittels von Amts wegen, ohne Bindung an die Anträge der Parteien, zu befinden hatte. (V, 1. April 1940.)

Amtl. Sammlg. S. 252—255.

Vgl. Bd. 13 S. 352; Bd. 17 S. 45; Bd. 68 S. 301; Bd. 148 S. 400; JW. 1936 S. 2544.

40. Verlassenschaftsbehandlung in der Ostmark. Zuständigkeit. (ÖstAußStPat. § 21; ÖstJurdiktN. § 105; VO. über die Ausübung der bürgerlichen Rechtspflege im Protektorat vom 14. April 1939.) Ein in Wien verstorbener deutscher Staatsangehöriger hinterließ Grundstücke, die im Gebiet des Protektorats lagen. Das Amtsgericht Wien erachtete sich zur Durchführung der Verlassenschaftsabhandlung wegen dieser Grundstücke nicht für zuständig. Das deutsche Amtsgericht Iglau, in dessen Sprengel die Grundstücke gelegen waren, lehnte gleichfalls seine Zuständigkeit ab, indem es den Begriff des Inlands in dem Kaiserlichen Patent über das gerichtliche Verfahren außer Streitsachen vom 9. August 1854 im staatsrechtlichen Sinne auslegte. Das Reichsgericht bestimmte das

Amtsgericht Wien als zuständiges Gericht. Die im Patent festgesetzte Beschränkung der Zuständigkeit des Abhandlungsgerichts wegen der unbeweglichen Güter eines verstorbenen Inländers wurzelt nicht in verfahrensrechtlichen, sondern in staatsrechtlichen, politischen Gründen. Jede staatsrechtliche Änderung des Umfangs des Inlands erweitert oder verringert auch die Zuständigkeit des Abhandlungsgerichts in diesem Punkte. Die zwischen der ehemaligen Republik Österreich und der Tschechoslowakei geschlossenen Staatsverträge setzten voraus, daß Gerichte verschiedener Staaten als Abhandlungsgerichte einzuschreiten hatten. Seitdem ist die Ostmark in das Deutsche Reich heimgekehrt, das Protektorat Böhmen und Mähren errichtet und die deutsche Gerichtsbarkeit im Protektorat geschaffen worden. Diese erstreckt sich auch auf alle Angelegenheiten des Verfahrens außer Streitsachen, soweit nach den Vorschriften des deutschen Rechts die Staatsangehörigkeit einer Person maßgebend und diese Person nicht Staatsangehöriger des Protektorats ist. Damit fällt die Voraussetzung für die weitere sinngemäße Anwendung der ehemaligen Staatsverträge insoweit weg, als es sich um den unbeweglichen, im Protektorat gelegenen Nachlaß eines in der Ostmark verstorbenen deutschen Staatsangehörigen handelt. Dieser müßte auch auf dem Gebiete des Protektorats von einem deutschen Gericht abgehandelt werden. Die deutschen Gerichte im Protektorat sind keine Gerichte des Protektorats, sondern ebenso wie die Gerichte der Ostmark Gerichte des Großdeutschen Reiches. Zwischen solchen ist die Anwendung ehemaliger Staatsverträge ausgeschlossen. (VIII, 1. April 1940.)

Amtl. Sammlg. S. 255—256.

41. **Gemischte Schenkung. Rückforderung.** (ÖstABGB. §§ 948, 949.) Eine Frau verkaufte und übergab ihr Anwesen in Böhmen samt allem Zubehör ihrem Sohne um den Preis von 28000 K. Von dem Kaufpreis erließ sie ihm 11000 K schenkungsweise. Ohne Anrechnung auf den Kaufpreis behielt sie sich das Nutznießungsrecht an dem Anwesen auf Lebenszeit vor. Auf Grund verschiedener Streitigkeiten widerrief die Verkäuferin die Schenkung wegen Undank. Sie behauptete, daß das Anwesen einen Wert von mindestens 60000 K gehabt habe, so daß dem Käufer eine weitere Schenkung von mindestens 28000 K

gemacht worden sei; auch diese wurde widerrufen. Das Kreisgericht stellte den Wert des Anwesens auf 60000 K fest, bewertete das Nutznießungsrecht der Klägerin mit 15000 K und gelangte so gegenüber dem Kaufpreis von 28000 K zu einem Mehrwert von 17000 K, in dem es eine weitere Schenkung erblickte; zur Zahlung dieses Betrags wurde der Beklagte verurteilt. Seine Berufung wurde verworfen. Die Revision hatte teilweise Erfolg. In den Verfehlungen des Beklagten hatten die Untergerichte mit Recht den Tatbestand des groben Undanks gefunden; der Widerruf der Schenkung war also rechtswirksam. Er betraf zwei rechtlich verschieden zu beurteilende Zuwendungen: eine Schenkung, die dadurch zustande kam, daß dem Beklagten ein Teil des Kaufpreises erlassen wurde, und eine Schenkung, welche die Untergerichte in dem die Gegenleistung um 17000 K übersteigenden Mehrwerte des Anwesens erblickten. Hinsichtlich des ersten Betrags handelte es sich um kein einheitliches Geschäft, sondern um den Abschluß zweier nebeneinander liegender Verträge, eines Kaufvertrags und eines Schenkungsvertrags. Der Umstand, daß die beiden Verträge in einer Urkunde zusammengefaßt waren, konnte hieran nichts ändern. Durch den berechtigten Widerruf der Schenkung wurde der Kaufvertrag in keiner Weise berührt, vielmehr nur der Beklagte verpflichtet, den ihm schenkungsweise erlassenen Kaufrestpreis zu zahlen. Hinsichtlich des zweiten Vertrags hob das Reichsgericht hervor, daß eine Schenkung im allgemeinen nicht vermutet wird und daß nicht jeder zweiseitige Vertrag, der dem einen Teil einen größeren Vorteil bringt als dem anderen, schon als Schenkung des Mehrwerts angesehen werden kann, daß vielmehr auch der auf eine unentgeltliche Zuwendung des Mehrwerts gerichtete Wille beider Parteien hervortreten muß, wenn von einer gemischten Schenkung die Rede sein soll. Im vorliegenden Falle bestanden mit Rücksicht auf das verwandtschaftliche Verhältnis der Parteien und den Umstand, daß ein Teil des Kaufpreises schon schenkungsweise erlassen worden war, die Klägerin sich auch ohne Anrechnung auf den Kaufpreis das Nießbrauchsrecht an dem Anwesen vorbehalten hatte, erhebliche Bedenken gegen die Annahme einer Schenkung des Mehrwerts. Es mußte geprüft werden, ob die Absicht der Parteien nur dahin ging, dem Beklagten das Anwesen zu billigem Preise zu überlassen, oder ob und wieweit er durch eine allzu niedrige Bemessung des Kaufpreises bereichert werden sollte. Hiefür war der Wert des Anwesens und des Nießbrauchsrechts festzustellen und hienach das Verhältnis des Wertes des mit dem Nießbrauchsrechte belasteten Anwesens zu dem Kaufpreis von 28000 K zu ermitteln. Wenn auf Grund dieser Prüfung ein Mehrwert als Schenkung anzusehen war und es sich also um einen gemischten Vertrag handelte, kam in Frage, ob infolge des Widerrufs der Schenkung das auf Zahlung gerichtete Klagebegehren berechtigt war oder ob nur die Rückgängigmachung des ganzen Geschäfts unter Rückstellung der beiderseitigen Leistungen begehrt werden konnte. Das Reichsgericht entschied die Frage im ersten Sinne. Die gemischte Schenkung unterlag nur wegen des überschießenden Betrages, also nur, soweit sie als wirkliche Schenkung beabsichtigt war, dem Widerruf, so daß der Beklagte nur zur Erstattung des seine Gegenleistung übersteigenden Mehrwerts des ihm überlassenen Gutes verpflichtet war. (VIII, 22. Februar 1940.) Amtl. Sammlg. S. 257—261.

Vgl. Bd. 148 S. 236.

42. **Vorerbschaft. Fideikommissarische Substitution. Veräußerungsverbot. Belastungsverbot.** (ÖstABGB. §§ 364 c, 608, 613, 614, 709, 915.) Eheleute in Mähren waren je zur Hälfte Eigentümer eines Anwesens. Der Ehemann starb im Jahr 1909 ohne letztwillige Anordnung. Gesetzliche Erben waren seine beiden Söhne, die in den Jahren 1907 und 1908 geboren waren. Sie schlossen, vertreten durch ihren Vormund, mit ihrer Mutter ein Erbübereinkommen, wonach diese den gesamten Nachlaß gegen die Verpflichtung übernahm, sämtliche Gebühren zu tragen und an jedes Kind einen Erbteil von 1000 K zu zahlen; außerdem verpflichtete sie sich, das Anwesen einem der Kinder nach ihrer freien Wahl um einen kindlichen Preis unter so billigen Bedingungen zu verkaufen und zu übergeben, daß das Kind dabei bestehen könne. Ein bestimmter Zeitpunkt hiefür wurde nicht festgesetzt. Die Mutter wurde als Eigentümerin, für die beiden Söhne ein Anwartschaftsrecht im Grundbuch eingetragen. Der eine Sohn starb im Jahr 1924. Die Mutter erhielt im Jahr 1929 von einer Sparkasse ein Darlehen von 20000 K und ver-

pfändete dafür das Anwesen. Der andere Sohn klagte auf Feststellung der Ungültigerklärung des Pfandrechts und Verurteilung der Sparkasse zur Löschung der Hypothek, weil das für ihn eingetragene Anwartschaftsrecht den Inhalt einer fideikommissarischen Substitution habe und daher die Eintragung des Pfandrechts ohne seine Zustimmung ungültig sei. Das Berufungsgericht gab der Klage statt. Das Reichsgericht wies sie ab. Eine fideikommissarische Substitution beruht auf Anordnung des Erblassers; eine solche lag hier nicht vor. Die Rechtsprechung hat auch die vertragsmäßige Begründung eines Anwartschaftsrechts für zulässig erklärt und das so geschaffene Verhältnis der fideikommissarischen Substitution gleichgestellt; doch ist hier Vorsicht geboten. Hätte der Vater des Klägers angeordnet, daß seine Frau Vorerbin, die Kinder Nacherben sein sollten, so hätte diese Anordnung eine Substitution gebildet. Eine Substitution für ein nicht zum Nachlaß gehöriges Vermögen gibt es nicht. Hätte der Erblasser angeordnet, daß seine Frau nicht bloß Vorerbin des Nachlasses werden, sondern ihr eigenes Vermögen oder Teile davon den Kindern zu einem bestimmten Zeitpunkt oder bei Eintritt einer bestimmten Bedingung übergeben solle, so wäre diese Anordnung, soweit sie das Vermögen der Frau betraf, keine Substitution, sondern eine Auflage gewesen. Der Inhalt des Erbübereinkommens konnte daher nicht schlechtweg einer fideikommissarischen Substitution gleichgestellt werden. Bei der Substitution wird der Vorerbe Eigentümer; er kann das Substitutionsgut auch veräußern und belasten. Ist das Substitutionsband im Grundbuch eingetragen, so wirken Veräußerung und Belastung nicht gegen den Nacherben; sie verlieren mit Eintritt des Substitutionsfalls ihre Wirkung. Solange dieser Fall nicht eingetreten ist, hat der Nacherbe keinen Anspruch gegen den Dritten. In der vorliegenden Sache war der Substitutionsfall keinesfalls eingetreten, da es dem Ermessen der Mutter des Klägers überlassen war, wann sie den Vertrag mit ihm schließen wollte. Das Erbübereinkommen war jedoch überhaupt nicht nach den Bestimmungen einer fideikommissarischen Substitution zu beurteilen, vor allem deshalb nicht, weil es sich auch auf den nicht aus dem Nachlaß erworbenen Eigenbesitz der Mutter des Klägers bezog. Es sollte sicherstellen, daß eines der Kinder einmal zu einem billigen Preise das Anwesen erwerben konnte, das früher den Eltern je zur Hälfte gehörte und nun im alleinigen Eigentum der Mutter stand. Um diesen Zweck zu erreichen, genügte ein Veräußerungsverbot; diese Wirkung kam dem Anwartschaftsrecht nach der Eintragung in das Grundbuch zu. Ein Veräußerungsverbot schließt in der Regel ein Belastungsverbot in sich, doch ist ein solches nicht begriffsnotwendig darin enthalten. Ob das zutrifft, ist aus der Urkunde und dem Willen der Parteien zu entnehmen. Da im vorliegenden Falle in der Urkunde ein solches Verbot nicht erwähnt war und eine vollständige wirtschaftliche Bindung der Mutter aus ihrer Absicht, ihr Anwesen einem Kinde zuzuwenden, nicht zu folgern war, sprach nichts dafür, daß durch das Übereinkommen ein Belastungsverbot geschaffen werden sollte. Der Zweck des Übereinkommens wurde durch die Eintragung einer Hypothek nicht gefährdet, da die Schuld vom Käufer in Anrechnung auf den Kaufpreis übernommen werden konnte. (VIII, 29. Februar 1940.) Amtl. Sammlg. S. 261—267.

43. **Streupflicht.** (ÖstABGB. § 1311; Böhm. GemO. §§ 28, 35.) Der Eigentümer eines Hauses hatte mit einem Mieter vereinbart, daß dieser die polizeiordnungsmäßige Reinigung und Bestreuung des vor diesem gelegenen Gehsteiges übernahm. Bei Glatteis kam eine Frau vor dem Hause zu Fall; das Eis war mit Schnee bedeckt, gestreut war nicht worden. Die Klage der Frau gegen den Mieter drang durch. Zu Unrecht hatte der Beklagte behauptet, daß die Polizeiordnung, wonach die Besitzer von Liegenschaften oder ihre Stellvertreter verpflichtet waren, die Bürgersteige und Gehwege von Schnee und Eis zu reinigen und bei Glatteis zu streuen, ungesetzlich sei. Nach der böhmischen Gemeindeordnung können die Gemeinden in ihrem selbständigen Wirkungskreis Anordnungen und Verfügungen treffen; in diesen Wirkungskreis fällt auch die Sorge für die Erhaltung der Gemeindestraßen und Wege. Die Übertragung dieser Verpflichtung ist nicht für unzulässig erklärt; die Gemeinde konnte also anordnen, daß die Hausbesitzer diese Verpflichtung zu erfüllen hätten. Die Polizeiordnung war von der Gemeindevertretung erlassen und von der Bezirkshaupt-

mannschaft zur Kenntnis genommen worden. Daß in Entscheidungen des Obersten Verwaltungsgerichts eine der Polizeiordnung entsprechende Verpflichtung in ähnlichen Fällen verneint worden war, kam dem Beklagten nicht zugute; den Entscheidungen kam bindende Wirkung nur für die durch sie erledigten Rechtsfälle zu, auch war in ihnen weder die Gültigkeit der vom Beklagten bekämpften Polizeiordnung mit allgemeiner Wirksamkeit aufgehoben, noch die Vorfrage für den vorliegenden Rechtsstreit in einer das Gericht bindenden Weise beantwortet worden. (VIII, 7. März 1940.) Amtl. Sammlg. S. 267—269.

44. Fruchtgenuß an Wertpapieren. (ÖstABGB. §§ 426, 427, 510, 1393.) S. gab W. Wertpapiere in Verwahrung; später ordnete er an, daß G. auf Lebenszeit den Fruchtgenuß haben solle. Nach dem Tode des S. klagte sein Erbe gegen W. auf Herausgabe und gegen G. auf Einwilligung und Anerkennung, daß die Papiere zum Nachlaß gehörten. Die Klage drang in zwei Rechtszügen durch; das Reichsgericht wies sie ab, soweit sie auf Herausgabe der Wertpapiere gerichtet war. An einem verzinslich angelegten Kapital kann ein Fruchtgenuß bestellt werden; die Forderung steht dann dem Gläubiger und dem Fruchtgenießer gemeinsam zu. Die Fruchtnießung an einer verzinslichen Forderung wird nach den Vorschriften bestellt, die für die Übertragung der Forderung gelten. Im vorliegenden Falle handelte es sich um Schuldverschreibungen auf den Inhaber; solche werden durch die Übergabe abgetreten und bedürfen neben dem Besitz keines anderen Beweises der Abtretung. Da der Fruchtnießer nur einen Teil der im Wertpapier verkörperten Forderung erhalten, die Gesamtforderung ihm und dem Gläubiger gemeinschaftlich zustehen soll, hat der Nutznießer nicht den Alleinbesitz, wohl aber den Mitbesitz des Wertpapiers zu erhalten. Das kann in der Weise geschehen, daß das Papier einem gemeinsamen Verwahrer übergeben wird. Durch die nachträgliche Anordnung übertrug S. dem G. den Mitbesitz; die Anordnung war dahin zu verstehen, daß W. die Wertpapiere auch für G. zu verwahren habe. Eine weitere Übergabehandlung war nicht erforderlich. G. hatte also ein Recht auf die Fortdauer des einmal erlangten Mitbesitzes; der Kläger hatte keinen Anspruch darauf, daß ihm der Alleinbesitz überlassen werde. Die Kapitalforderung gehörte in den Nachlaß; der Kläger konnte begehren, daß G. das anerkenne. Das Begehren war aber nur mit der Einschränkung berechtigt, daß die Kapitalforderungen, belastet mit dem Fruchtnießungsrecht, in den Nachlaß einbezogen wurden. (VIII, 14. März 1940.)

Amtl. Sammlg. S. 269—272.

45. **Nachlaßabhandlung.** (ÖstABGB. § 810; AußStr.-Pat. § 145; TschechoslAußStrG. §§ 23, 24, 26, 41.) Zu dem Nachlaß eines Mannes, der im November 1935 ohne letztwillige Anordnung starb und außer seiner Witwe vier Kinder hinterließ, gehörte ein in Mähren gelegenes Grundstück. Die vier Kinder verzichteten am 3. Juli 1936 auf die Erbschaft; die Witwe nahm die Erbschaft an und verkaufte das Grundstück. Das Abhandlungsgericht genehmigte den Verkauf; die Käuferin wurde im Grundbuch als Eigentümerin eingetragen. Am gleichen Tage antwortete das Abhandlungsgericht der Witwe den ganzen Nachlaß ein. Im Dezember 1937 meldete die älteste Tochter gegen den Einantwortungsbeschluß Rekurs an mit der Begründung, daß sie zur Zeit der Erlassung des Beschlusses schon volljährig gewesen sei. Das Rekursgericht hob den Einantwortungsbeschluß und das vorausgegangene Verlassenschaftsverfahren als nichtig auf. Die Verlassenschaft verlangte von der Käuferin des Grundstücks die Löschung ihres Eigentumsrechts im Grundbuch und die Zurückgewährung der Liegenschaft. In zwei Rechtszügen drang die Klage durch. Das Reichsgericht verwies die Sache zurück. Der Beschluß des Rekursgerichts hatte nur die Einantwortung und das ihr vorausgegangene Verlassenschaftsverfahren für nichtig erklärt, nicht aber die Genehmigung des Verkaufs des Grundstücks oder des Kaufvertrags selbst. Dieser Kaufvertrag und seine Genehmigung hatten mit dem Verlassenschaftsverfahren, der Feststellung des Nachlasses und der Erben und der Übergabe des Nachlasses an sie, nichts zu tun. Die Genehmigung von Geschäften des ruhenden Nachlasses durch das Abhandlungsgericht bedeutet für den anderen Geschäftsteil die Bestätigung, daß die jeweiligen Vertreter des Nachlasses zum Abschluß des Geschäfts im Rahmen des Nachlasses befugt sind. Liegt darin weiter eine pflegschaftsgerichtliche Genehmigung für pflegebefohlene Erben, wenn das Abhandlungsgericht gleichzeitig Pflegschaftsgericht ist,

so hat auch das mit der Abhandlung nichts zu tun. Im vorliegenden Falle kam eine pflegschaftsgerichtliche Genehmigung des Kaufvertrags nicht in Frage, weil der Kaufvertrag nur zwischen der Witwe als Alleinerbin und der Käuferin abgeschlossen worden war. Die Annahme der Untergerichte, daß durch den Beschluß des Rekursgerichts auch der Genehmigungsbeschluß des Abhandlungsgerichts für nichtig erklärt worden sei, war also rechtsirrig. Der Kaufvertrag war auch nicht aus anderen Gründen nichtig. Allerdings war der für die älteste Tochter durch ihren Vormund erklärte Erbverzicht unwirksam, nicht aber die Erklärung der Witwe, daß sie als Alleinerbin den Nachlaß übernahm, und die Genehmigung dieser Erklärung. Diese Stellung der Witwe änderte sich erst durch die späteren Erklärungen der ältesten Tochter; zu dieser Zeit war aber der Kaufvertrag längst abgeschlossen und genehmigt, auch die Käuferin als Eigentümerin im Grundbuch eingetragen. (VIII, 28. März 1940.) Amtl. Sammlg. S. 273—277.

46. Ehescheidung. Häusliche Gemeinschaft. (EheG. § 55). Eine Ehe geriet dadurch in die Brüche, daß der Mann ein Verhältnis mit einer anderen Frau einging. Im Jahr 1935 zog er unter Mitnahme seiner Kleidung und seiner Wäsche zu dieser Frau, entfernte auch sein Bett aus dem bisherigen gemeinschaftlichen Schlafzimmer und stellte es in einem besonderen Raum der Wohnung auf; in diesem Raume übernachtete er noch wiederholt bis Ende 1936. Bis Anfang Dezember 1938 kam er regelmäßig zweimal täglich in die Wohnung, um sein Frühstück und Mittagessen einzunehmen; er stellte hiefür seiner Frau ein Wirtschaftsgeld zur Verfügung, bezahlte auch die Miete. Polizeilich war die Wohnung auf seinen Namen gemeldet. Seine Klage auf Scheidung der Ehe hatte keinen Erfolg. Bei richtiger Erkenntnis des Begriffs der Aufhebung des häuslichen Gemeinschaft konnte nicht die Rede davon sein, daß diese schon seit dem Jahr 1935 aufgehoben war. Bis Anfang Dezember 1938 war noch ein gemeinschaftlicher Haushalt vorhanden, den die Beklagte leitete und für den ihr der Kläger Mittel zur Verfügung stellte. Wenn er auch nur noch selten in der Wohnung nächtigte und die Frau nicht mehr für seine Kleider und Wäsche sorgte, lag doch nur eine Einschränkung, nicht eine völlige Aufhebung der häuslichen Gemeinschaft vor. Welche

Gründe für den Kläger maßgebend waren, die Sache so zu gestalten, war unerheblich. (IV, 4. April 1940.)

Amtl. Sammlg. S. 277—280.

Vgl. Bd. 159 S. 119; Bd. 160 S. 248.

47. Ehescheidung. Unterhaltsvertrag. Rücktritt vom Verlöbnis. Unerlaubte Handlung. Gute Sitten. (EheG. § 50; BGB. §§ 138, 826, 1298.) Während des Scheidungsverfahrens trafen die Parteien ein schriftliches Übereinkommen über eine Abfindung der Frau für den Fall der Scheidung; sie vereinbarten, daß die Abrede binnen zwei Wochen nach der Rechtskraft des Urteils notarisch wiederholt werden solle. Das geschah auch. Die versprochenen Zahlungen wurden geleistet. Nachträglich erklärte die Frau den Vertrag für nichtig, weil er dazu gedient habe, die Scheidung durchzuführen, obgleich Gründe dazu niemals vorgelegen hätten, die Parteien auch noch während des Scheidungsverfahrens geschlechtlich miteinander verkehrt hätten. Sie klagte auf Gewährung eines Unterhalts von monatlich 800 *RM*. Zur Begründung der Klage berief sie sich auch darauf, daß der Beklagte ihr versprochen habe, sie wieder zu heiraten, dieses Versprechen aber nicht gehalten habe. In zwei Rechtszügen drang die Klage durch. Das Reichsgericht wies sie ab. Das Berufungsgericht hatte festgestellt, daß zur Zeit der Scheidung ein Grund für eine solche nicht vorhanden war und daß sich die Parteien dieses Mangels auch bewußt waren, daß ferner die Erschleichung der Scheidung auch im Zusammenhang mit der streitigen Vereinbarung stehe. Eine einverständliche Erschleichung der Scheidung ist sittenwidrig und führt zur Nichtigkeit eines zwischen den Ehegatten geschlossenen Unterhaltsabkommens, wenn diese einen nicht oder nicht mehr bestehenden Scheidungsgrund im Zusammenhang damit geltend gemacht haben. Die Nichtigkeit der Unterhaltsvereinbarung soll die Ehegatten davon abhalten, im Vertrauen auf ihre Gültigkeit die Scheidung zu erschleichen. Für diese Erwägung ist kein Raum mehr, wenn das Scheidungsurteil rechtskräftig geworden ist. An der Scheidung ist dann nichts mehr zu ändern. Den früheren Ehegatten auch jetzt noch die vertragliche Regelung ihrer Unterhaltsbeziehungen zu verwehren, besteht kein Grund mehr. Hatte einer der Gatten, wie es im vorliegenden Falle zutraf, damit gerechnet, daß nach Rechtskraft des Scheidungsurteils ein Abkommen bestimmten Inhalts geschlossen werden würde, so hat er sich in der Führung des Scheidungsstreites nicht durch eine schon getroffene Verfügung, sondern durch die Hoffnung auf den künftigen Abschluß eines Vertrags bestimmen lassen. Kommt dieser später zustande, so beruht er auf einer neuen Sachlage und auf neuen Entschlüssen der inzwischen geschiedenen Ehegatten. Das muß auch gelten, wenn der Vertrag eine schon während des Rechtsstreits verabredete Wiederholung einer schon damals getroffenen, gemäß § 80 EheG. nichtigen Vereinbarung darstellt. An abweichenden früheren Entscheidungen hielt das Reichsgericht nicht mehr fest. In der Nichteinhaltung des Versprechens, sie später wieder zu heiraten, hatte die Klägerin eine zum Schadenersatz verpflichtende sittenwidrige Handlung erblickt. Daß der Beklagte schon bei Abgabe des Versprechens entschlossen gewesen sei, es nicht zu halten, hatte sie nicht behauptet. Der Rücktritt von einem Verlöbnis stellt aber keinesfalls eine unerlaubte Handlung dar. Das Gesetz hat ihn zugelassen; es will jeden mittelbaren oder unmittelbaren Zwang zur Eingehung einer Ehe vermeiden. Ob für den Rücktritt ein wichtiger Grund vorliegt oder nicht, hat nur Bedeutung für die wirtschaftlichen Folgen, die das Gesetz an den Rücktritt knüpft. Die Klägerin hätte, wenn für den Rücktritt kein wichtiger Grund vorlag, Ersatz des Schadens verlangen können, den sie durch die in Erwartung der Ehe getroffenen, ihr Vermögen berührenden Maßnahmen erlitten hatte. Als eine solche Maßnahme kam der von ihr erklärte Unterhaltsverzicht in Betracht. Die Klägerin hatte aber ausdrücklich erklärt, diesen Anspruch nicht erheben zu wollen. (IV, 8. April 1940.)

Amtl. Sammlg. S. 280—287.
Vgl. Bd. 126 S. 323.

48. **Rechtsmißbrauch. Rechtskräftiges Urteil.** (BGB. § 826.) Auf die Klage des Amtsvormunds erging ein Versäumnisurteil, durch das der damalige Beklagte zur Zahlung von Unterhalt für ein uneheliches Kind verurteilt wurde. Das Urteil erlangte die Rechtskraft. Da der Verurteilte der Verpflichtung nur teilweise nachkam, wurde gegen ihn ein Strafverfahren wegen Verletzung der Unter-

haltspflicht eingeleitet. In diesem bestritt er, Erzeuger des Kindes zu sein; da er ein ärztliches Zeugnis vorlegte, wonach er zur Zeit der Empfängnis des Kindes schon zeugungsunfähig war, wurde er freigesprochen. Nun klagte er auf Zurückzahlung der von ihm geleisteten Unterhaltsbeiträge. Das Landgericht ließ eine Blutgruppenuntersuchung vornehmen und gelangte danach zu der Überzeugung, daß der Kläger nicht der Erzeuger des beklagten Kindes sei; es gab der Klage teilweise statt. In den höheren Rechtsgängen wurde die Klage abgewiesen. Die Auffassung, daß die Ausnutzung eines rechtskräftigen Urteils nur dann gegen die guten Sitten verstoße, wenn es durch ein unlauteres Verhalten herbeigeführt worden ist, hat das Reichsgericht schon in früheren Entscheidungen nicht mehr festgehalten; ebenso ist schon entschieden worden, daß ein Verstoß gegen die guten Sitten nicht immer schon dann vorliegt, wenn jemand von einem rechtskräftigen Urteil Gebrauch macht, das er selbst für unrichtig hält. In vorliegendem Falle stand nicht einmal fest, daß der Amtsvormund das Urteil für unrichtig gehalten hatte. Aber auch wenn für den Amtsvormund jeder Zweifel ausgeschlossen gewesen wäre, daß der Kläger nicht der Erzeuger des beklagten Kindes war, hätte das zur Stütze der Klage nicht ausgereicht. Die Unrichtigkeit eines Urteils kann für sich allein keine Klage aus § 826 BGB. begründen; es müssen Umstände dazukommen, die das Gebrauchmachen von dem Urteil als sittenwidrig erscheinen lassen. Solche fehlten hier. Der Amtsvormund hatte, indem er die Klage erhob, das Verfahren durchführte und das Urteil vollstrecken ließ, nur seine Pflicht getan; er verstieß auch künftig nicht gegen die guten Sitten, wenn er das Urteil weiter vollstrecken ließ. Der Kläger hatte sich in die Lage, in die er geraten war, selbst gebracht; infolge seines Ausbleibens hatte über den Punkt, auf den er nun seine Klage stützte, kein Beweis erhoben werden können. Daran änderte sich auch nichts, wenn angenommen wurde, daß die Mutter des beklagten Kindes ihre Eidespflicht verletzt hatte. Diese Aussage konnte schon darum nicht in Betracht kommen, weil die Verurteilung des Beklagten nicht auf ihr, sondern auf seiner Säumnis beruhte. (VI, 10. April 1940.) Amtl. Sammlg. S. 287—293.

Vgl. Bd. 155 S. 55; Bd. 156 S. 265.

49. Rechtsmißbrauch. Rechtskräftiges Urteil. (BGB. § 826.) W. klagte gegen R. auf Rückgabe von Darlehen, die er ihm in kleineren Beträgen an bestimmten Tagen gegeben hatte. R. bestritt, irgendwelches Geld von W. erhalten zu haben. W. benannte Zeugen und legte einen Notizblock mit Einzelangaben über die Beträge und die Hingabetage vor; er wurde dann auch eidlich vernommen. R. wurde entsprechend der Klage verurteilt. Seine Berufung blieb erfolglos. In einem Strafverfahren gegen W. wegen Meineid wurde festgestellt, daß zwar seine Angaben in dem früheren Verfahren nicht alle richtig waren, daß ihm aber eine vorsätzliche oder fahrlässige Verletzung der Eidespflicht nicht nachzuweisen sei. Eine von R. erhobene Restitutionsklage wurde abgewiesen. Er klagte nun neuerdings mit dem Antrag, die Vollstreckung aus dem Urteil für unzulässig zu erklären. In allen Rechtszügen wurde die Klage abgewiesen. Gegen die Ausnutzung der Rechtskraft eines Urteils kann Abhilfe geschaffen werden, wenn nachgewiesen wird, daß es unrichtig und von dem Obsiegenden erschlichen ist. Die Auffassung des Klägers, daß ein sittenwidrig erschlichenes Urteil auch dann nicht vollstreckt werden dürfe, wenn der verfolgte Anspruch sachlich begründet wäre, lehnte das Reichsgericht ab; in einem solchen Falle läge keine Schädigung des Gegners vor, weil ein sachlich richtiges Urteil einen Schaden im Rechtssinn nicht zufügen kann. Im vorliegenden Falle war aber auch nicht nachgewiesen worden, daß der nunmehrige Beklagte das Urteil auf unerlaubte Weise erschlichen habe. Daß einige seiner Angaben als unrichtig erwiesen worden waren, reichte hiefür nicht aus, da eine bewußte Verletzung der Wahrheitspflicht nicht erwiesen war, die unrichtigen Angaben auch keine Rolle als Beweismittel gespielt hatten. (VI, 10. April 1940.)

Amtl. Sammlg. S. 292—297.

Vgl. Bd. 109 S. 203; Bd. 155 S. 55; Bd. 156 S. 265.

50. Entschädigung für unschuldig erlittene Untersuchungshaft. Einstellung des Verfahrens. (RG. vom 14. Juli 1904 über Entschädigung für unschuldig erlittene Untersuchungshaft; RG. vom 7. August 1934 über die Gewährung von Straffreiheit.) Wegen sieben selbständiger Vergehen wurde das Verfahren vor dem Schöffengericht eröffnet und Haftbefehl erlassen. Das Urteil des

Schöffengerichts lautete in fünf Fällen auf Verurteilung, in zwei Fällen auf Freisprechung. Der Staatsanwalt und der Angeklagte legten Berufung ein. Das Landgericht sprach den Angeklagten auch in den übrigen fünf Fällen frei und erkannte ihm Entschädigung für unschuldig erlittene Untersuchungshaft zu, weil das Verfahren teilweise seine Unschuld ergeben und teilweise dargetan habe, daß begründeter Verdacht gegen ihn nicht vorliege. Die Staatsanwaltschaft legte in vollem Umfang Revision ein, hielt sie aber nur in zwei Fällen aufrecht. Das Reichsgericht stellte das Verfahren auf Grund des Gesetzes über die Gewährung von Straffreiheit ein. Nachdem ihm der Entschädigungsbeschluß des Landgerichts zugestellt worden war, beantragte der Angeklagte die Zubilligung einer Entschädigung. Der Reichsjustizminister lehnte sie ab. Die Klage wurde vom Berufungsgericht zurückgewiesen. Das Reichsgericht gab ihr statt. Das Berufungsgericht hatte angenommen, ein rechtskräftiger Freispruch, wie er Voraussetzung für die Gewährung von Entschädigung für unschuldig erlittene Untersuchungshaft ist, sei nicht vorhanden, weil das freisprechende Urteil der Strafkammer nicht für sämtliche der Verhaftung und der Anklage zugrunde gelegte Straftaten rechtskräftig geworden, vielmehr in zwei Fällen das Verfahren durch Einstellung beendet worden sei. Der Kläger hatte sich demgegenüber auf den Beschluß des Landgerichts berufen, der die Entschädigungspflicht des Staates ein für allemal festgestellt habe. Dieser Auffassung trat das Reichsgericht nicht bei. Der Entschädigungsanspruch entsteht, wenn die Voraussetzungen vorliegen, kraft Gesetzes. Der Entschädigungsbeschluß wirkt nicht rechtsbegründend. Er stellt nur einen Teil der Voraussetzungen des Anspruchs fest, nämlich die Ansicht des über die Anklage entscheidenden Gerichts, daß sich die Unschuld oder das Nichtvorhandensein begründeten Verdachts ergeben habe und daß kein Grund zur Ausschließung des Anspruchs bestehe. Über den Anspruch insgesamt entscheidet der Reichsjustizminister und nach ihm das Gericht. Regelmäßig ist rechtskräftiger Freispruch Voraussetzung des Entschädigungsanspruchs. Gleichwohl durfte das Berufungsgericht die Klage nicht schon deshalb abweisen, weil ein solcher in zwei Fällen fehlte. Es fragte sich zunächst, ob der dem Entschädigungsanspruch zugrunde liegende Schaden durch die Verhaftung wegen der fünf Fälle, in denen Freisprechung erfolgt war, verursacht wurde, oder ob er auch eingetreten wäre, wenn nur die beiden Anschuldigungen in Betracht gekommen wären, in denen später das Verfahren eingestellt wurde. Diese Frage der Ursächlichkeit muß von dem über den Entschädigungsanspruch entscheidenden Prozeßgericht beantwortet werden. Nur wenn dieses die Überzeugung gewinnt, daß der Schaden, dessen Ersatz gefordert wird, auf eine durch die Freispruchfälle verursachte Verhaftung zurückzuführen ist und ohne diese nicht entstanden wäre, ist der Anspruch im Falle des Freispruchs in einem Teil von mehreren selbständigen Anklagefällen für die Regel zu rechtfertigen. Eine Abweichung ergab sich aber für den vorliegenden Fall infolge der durch das Eingreifen des Straffreiheitsgesetzes vom 7. August 1934 geschaffenen besonderen Sachlage. In den beiden Anklagefällen, in denen es an einem endgültigen Freispruch fehlte, hatte der letzte Tatsachenrichter, die Strafkammer als Berufungsgericht, gleichfalls auf Freisprechung erkannt, und die Voraussetzungen einer Entschädigung für unschuldig erlittener Untersuchungshaft für gegeben erklärt. Die in diesem Gesetz angeordnete Straffreiheit soll aber den Angeklagten zugute kommen; es würde ihrem Sinne widersprechen, wenn aus ihr eine Benachteiligung des Angeklagten folgen sollte. Demgemäß erscheint es in einem Falle, in dem eine Freisprechung durch das letzte Gericht vorliegt, das sich mit der tatsächlichen Beurteilung der Anklage befassen konnte, zulässig und erforderlich, das frühere freisprechende Urteil als die für die Anwendung des Gesetzes maßgebende Entscheidung anzusehen. (V, 11. April 1940.)

Amtl. Sammlg. S. 297—305.

Vgl. Bd. 55 S. 399; RGSt. Bd. 53 S. 350.

51. Eheliche Gemeinschaft. Herstellungsklage. Rechtsmißbrauch. Beweislast. (EheG. §§ 57, 59, 83.) Eheleute, die im Jahr 1909 miteinander die Ehe geschlossen hatten, trennten sich im Jahre 1936, indem die Frau mit ihren Töchtern aus der ehelichen Wohnung auszog. Eine vom Mann erhobene Scheidungsklage wurde abgewiesen. Im Juni 1938 erhob er Klage auf Wiederherstellung des ehelichen Lebens. Während des Verfahrens forderte der Kläger in einem Schriftsatz seines Vertreters, der dem

Vertreter der Beklagten zuging, diese auf, entweder die eheliche Gemeinschaft herzustellen oder Klage auf Scheidung zu erheben. Sie leistete der Aufforderung keine Folge. In zwei Rechtszügen wurde der Klage stattgegeben. Das Reichsgericht verwies die Sache zurück. Grundsätzlich sind die Ehegatten einander zur ehelichen Lebensgemeinschaft verpflichtet; hiezu gehört auch die häusliche Gemeinschaft. Der Umstand, daß der Kläger früher die Scheidung beantragt hatte, stand der neuen Klage nicht entgegen. Es ist durchaus möglich, daß ein Ehegatte, der ursprünglich geglaubt hat, von dem anderen loskommen zu wollen und zu diesem Zweck behauptet hat, die Ehe sei endgültig zerrüttet, nachträglich seine Gesinnung ändert und ernstlich gewillt ist, die Ehe wieder herzustellen. Die Aufforderung zur Wiederherstellung der ehelichen Gemeinschaft ist auch dann als rechtswirksam anzusehen, wenn sie in einem wegen Herstellung der Gemeinschaft anhängig gemachten Rechtsstreit des anderen Ehegatten zugestellt wird. Wesentlich ist nur, daß die Aufforderung wirklich dem Willen des Klägers entspricht und dem anderen Ehegatten zugeht. Das genügt, um die Frist für die Erhebung der Scheidungsklage (6 Monate) in Lauf zu setzen. Dahingestellt blieb, ob die in einem Prozeßschriftsatz enthaltene Aufforderung auch dann geeignet wäre, die Frist zu eröffnen, wenn der Aufgeforderte von ihr nichts erfahren hat, und ob unter Umständen schon in der Klage auf Herstellung der ehelichen Gemeinschaft eine solche Aufforderung erblickt werden könnte. Für die Entscheidung, ob die Frist verstrichen war, kam es auf den Zeitpunkt der letzten mündlichen Verhandlung im Rechtsstreit an. Die Vorschrift, daß während eines Scheidungsstreits ein Scheidungsgrund noch geltend gemacht werden kann, wenn die Frist zur Geltendmachung bei der Klageerhebung noch nicht abgelaufen war, kann auf einen Rechtsstreit zur Wiederherstellung der ehelichen Gemeinschaft nicht angewendet werden; dieser Streit bezweckt nicht die Auflösung der Ehe, sondern ihre Aufrechterhaltung. Die Beklagte hatte das Verlangen des Klägers als Mißbrauch seines Rechts bezeichnet; sie hatte das Verhalten des Klägers im einzelnen geschildert und zusammenfassend erklärt, man könne ihr nicht zumuten, zu ihrem Manne zurückzukehren, da die schönen Worte, mit denen er seine

Bereitschaft erklärte, wieder eine harmonische Ehe aufzubauen, nicht ernst zu nehmen seien. Der Prüfung dieses Einwands war das Berufungsgericht nicht schon deshalb enthoben, weil es festgestellt hatte, der Kläger erstrebe ernstlich ein Zusammenleben mit der Beklagten. Das schloß nicht aus, daß er sich künftig in einer Weise verhalten würde, die der Beklagten das Zusammenleben mit ihm unerträglich machte. Ob eine solche Besorgnis ernstlich begründet war, bedurfte noch der Prüfung. Für die Beweislast bemerkte das Reichsgericht: Grundsätzlich lag der Beklagten der Beweis für ihre Behauptung ob, das Verhalten des Klägers werde, wenn sie wieder zu ihm zöge, derart sein, daß ihr ein Zusammenleben mit ihm zugemutet werden könne. Dieser Beweis konnte dadurch erbracht werden, daß ein Verhalten des Klägers in der Vergangenheit dargetan wurde, das den Schluß rechtfertigte, er werde sich auch künftig so benehmen, daß eine dem Wesen der Ehe entsprechende Gemeinschaft nicht werde bestehen können; es würde dann Sache des Klägers sein, dem Gericht die Überzeugung zu verschaffen, daß eine solche Besorgnis nicht begründet sei. Hiefür konnte es von Bedeutung sein, ob das frühere Verhalten des Klägers auf seiner Wesensart beruhte oder ob es mehr durch äußere Ereignisse und Vorkommnisse veranlaßt war, oder auch, ob der Kläger zu Unrecht den Standpunkt vertrat, daß sein bisheriges Verhalten nicht zu beanstanden sei. Eine allgemeine Regel des Inhalts, daß ein Ehegatte, der sich früher ehewidrig benommen hat, es auch künftig tun werde, kann nicht aufgestellt werden; es ist daher nicht angängig, von dem, der die Wiederherstellung der Gemeinschaft begehrt, den Nachweis zu verlangen, daß er sein Verhalten ändern werde. (IV, 11. April 1940.)

Amtl. Sammlg. S. 305—310.

Vgl. JW. 1908 S. 433; 1911 S. 405.

52. **Wettbewerbsverzicht.** (ÖstABGB. § 879; TschechoslowUnlWG. § 1.) Eine Wildbret- und Geflügelhandlung in Böhmen wurde mit Einrichtung für 10000 K verkauft. In einem Brief, worin der Anwalt die Verkäuferin zur Zahlung des Kaufpreises aufforderte, bemerkte er, daß der Betrag als Abfindung für das Aufgeben des Geschäfts, für die Überlassung des Kundenstockes und für die Erlaubnis zur Fortführung der Firma anzusehen sei,

daß die Verkäuferin geschäftsmüde gewesen sei und künftig ein derartiges Geschäft nicht mehr betreiben werde. Trotzdem eröffnete sie zwei Jahre später ein ähnliches Geschäft am gleichen Ort. Die Käuferin klagte auf Verbot der Weiterführung des Geschäfts. In zwei Rechtszügen wurde die Klage abgewiesen. Das Reichsgericht verwies die Sache zurück. Die Untergerichte waren bei der Würdigung des Sachverhalts von den Grundsätzen für die Wettbewerbsklausel bei Dienstverträgen ausgegangen. Das war nicht richtig. Während für die Wettbewerbsklausel bei Dienstverträgen größte Zurückhaltung geboten ist, weil der wirtschaftlich stärkere Dienstgeber seine Stellung leicht zu unbilligen Wettbewerbsklauseln ausnutzen kann, liegt dieser Grund bei der Veräußerung eines Unternehmens nicht vor, weil sich hier in der Regel wirtschaftlich Gleichgestellte gegenüberstehen; das Gegenteil davon, z. B. eine wirtschaftliche Zwangslage des Verkäufers, müßte besonders dargetan werden, um eine solche Klausel sittenwidrig und ungültig zu machen. Solche Klauseln sind vielmehr innerhalb gewisser Grenzen selbstverständlich und sogar zu vermuten, wenn der Kaufpreis ohne sie wirtschaftlich nicht gerechtfertigt wäre, insbesondere dann, wenn der Veräußerer bei der Festsetzung des Preises auf die besonderen Geschäftsaussichten, auf die Kundschaft und auf das Nichtvorhandensein eines gleichartigen Geschäfts im Kundenbereich seines Unternehmens hinweist. Der Erwerber zahlt hier auch für den Vorteil der schon vorhandenen Kundschaft; der Veräußerer verstößt gegen den Vertragszweck, wenn er ein neues Geschäft errichtet, das geeignet ist, seinem Käufer die Kundschaft zu entziehen. Daher kann bei solchen Verkäufen geradezu angenommen werden, daß die Vertragsteile eines stillschweigenden Wettbewerbsverzicht des Verkäufers vereinbart haben, der allerdings nicht über das Maß des Selbstverständlichen bei solchen Vereinbarungen hinausgehen kann. Im vorliegenden Falle betrug der Wert der Einrichtung nur etwa 3800 K; der Rest (6200 K) galt für die Geschäftsaussichten, also gerade für den Ausschluß des Wettbewerbs der Verkäuferin. In dem Schreiben ihres Anwalts, worin sie Zahlung verlangte, hatte die Beklagte ja eine solche Zusage ausdrücklich erwähnt und wiederholt. Wollte sie unter solchen Umständen einen Wettbewerbsverzicht bestreiten, so hatte sie zu beweisen, wofür sie den Betrag von 6200 K verlangt und erhalten hatte. Aber auch wenn ein stillschweigender Wettbewerbsverzicht nicht anzunehmen war, mußte geprüft werden, ob das Verhalten der Beklagten nicht gegen das Gesetz über den unlauteren Wettbewerb verstieß. Rechtsirrig war auch die Ansicht des Berufungsgerichts, spätere, nach Vereinbarung des Kaufvertrags gemachte Versprechen könnten das Klagebegehren nicht rechtfertigen, sondern höchstens einen Anspruch auf Schadenersatz begründen. Auch nachträgliche Zusagen sind einzuhalten und können zur Verurteilung führen. (VIII, 15. April 1940.) Amtl. Sammlg. S. 311—315.

53. **Eheaufhebung. Schuldausspruch.** (EheG. §§ 42, 60; 1. DurchfVO. § 18.) Nach neunjährigem Bestand der Ehe zeigten sich bei der Frau geistige Störungen; sechs Jahre später wurde sie für unheilbar erklärt. Der Ehemann klagte auf Nichtigkeiterklärung der Ehe, weil die Beklagte die Anlage zu ihrer Krankheit schon zur Zeit der Eheschließung gehabt habe; hilfweise beantragte er Scheidung, weil die Frau, falls sie geistig gesund wäre, durch ihr gesamtes Verhalten in der Ehe deren Zerrüttung verschuldet habe. Die Frau bat um Abweisung der Klage, hilfweise für den Fall der Scheidung um Mitschuldigerklärung des Klägers, weil dieser sie wiederholt mißhandelt habe. In zwei Rechtszügen drang die Klage durch. Das Reichsgericht verwies die Sache zurück. Gegen die Nichtigerklärung der Ehe ließ sich nichts einwenden. Nach dem Obergutachten des gerichtsärztlichen Ausschusses litt die Frau an Schizophrenie, also an einer verdeckt vererblichen Krankheitsanlage, die auch auf die Nachkommen übertragen werden konnte. Es konnte hienach nicht rechtlich beanstandet werden, wenn dem Kläger geglaubt wurde, er hätte die Beklagte bei Kenntnis ihrer Krankheit in richtiger Würdigung des Wesens der Ehe nicht geheiratet. Unrichtig war es dagegen, daß das Berufungsgericht auf den Antrag der Beklagten, den Kläger für mitschuldig zu erklären, nicht eingegangen war. Der Antrag war zwar nur für den Fall der Scheidung der Ehe gestellt; die Annahme lag aber nahe, daß die Beklagte auch für den Fall der Nichtigerklärunng der Ehe die gleiche Schuldfeststellung begehrte, weil diese für sie, besonders wegen ihrer Unterhaltsansprüche gegen den Kläger, von Bedeutung sein

konnte. Da im Gegensatz zu der früheren Anfechtungsklage die Klage auf Aufhebung der Ehe im Falle ihres Erfolgs die Ehe nicht mehr mit rückwirkender Kraft, sondern erst mit der Rechtskraft des Aufhebungsurteils löst, ist auch das Verhalten der Ehegatten während der Ehe von Bedeutung. Wenn der beklagte Teil auf Scheidung wegen Verschuldens hätte klagen können, oder wenn er dieses Recht zwar verloren hat, die Nichtberücksichtigung des Verschuldens aber unbillig wäre, steht es ihm frei, die Schuldigerklärung des Klägers zu verlangen. Gegenüber einer solchen Scheidungsklage kann auf Verlangen des beklagten Ehegatten ein Verschulden des Klägers berücksichtigt werden, auch ohne daß der verklagte Ehegatte eine Widerklage zu erheben braucht. Für die Aufhebungsklage fehlt eine entsprechende Bestimmung. Da aber die Aufhebung der Ehe nicht nur in ihren Folgen der Scheidung gleichsteht, sondern auch im Schuldausspruch mit der Scheidung auf eine Stufe gestellt wird, ist nicht einzusehen, weshalb der verklagte Ehegatte bei der Aufhebungsklage dadurch schlechter als bei der Scheidungsklage gestellt sein soll, daß er nur durch Erhebung der Scheidungswiderklage die Berücksichtigung des schuldhaften Verhaltens des klagenden Ehegatten erreichen könnte. (IV, 22. April 1940.)

Amtl. Sammlg. S. 315—320.

54. **Abstammungsstreit. Beweislast.** (ZPO. §§ 256, 286, 640.) Im Jahr 1909 gebar eine Bauerntochter unehelich ein Mädchen. Es bezeichnete einen bestimmten Mann als dessen Vater, gab aber später zu, auch mit einem anderen Manne während der Empfängniszeit geschlechtlich verkehrt zu haben. Unterhaltsansprüche wurden nicht erhoben. Im Jahr 1935 klagte das Mädchen gegen den Mann, den ihre Mutter ursprünglich als Vater bezeichnet hatte, auf Feststellung, daß er wirklich ihr Erzeuger sei. In zwei Rechtszügen wurde die Klage abgewiesen. Das Reichsgericht verwies die Sache zurück. Es handelte sich um eine Klage auf Feststellung der blutmäßigen Abstammung der Klägerin vom Beklagten. Die Untergerichte hatten die Klage als gewöhnliche Feststellungsklage behandelt. Das widersprach der neuerlichen Rechtsprechung des Reichsgerichts, wonach solche Klagen mit Rücksicht auf die ihnen heute zukommende große Bedeutung in dem besonderen Verfahren der familienrechtlichen Angelegen-

heiten (§ 640 ZPO.) durchgeführt werden müssen. Zur Klärung der Frage müssen alle verfügbaren Rechtsbehelfe herangezogen werden. Das Gericht ist nicht an das Vorbringen und die Beweisanträge der Parteien gebunden, vielmehr auch zur selbständigen Ermittlung von Amts wegen befugt. Das von dem Institut für Vererbungswissenschaft und Rassenforschung erstattete Gutachten schätzte die Wahrscheinlichkeit, daß die Klägerin vom Beklagten abstamme, auf 10 zu 1; es war weiter ausgeführt, daß sich dieser Grad von Wahrscheinlichkeit erhöhen könne, wenn die Blutgruppenzugehörigkeit des Beklagten dafür spreche. Dies war nachzuholen. In dem Gutachten war auch erwähnt, daß es höchst wertvoll wäre, wenn dem Beklagten bestimmte, als Erzeuger in Betracht kommende Männer gegenübergestellt würden; auch dieser Gesichtspunkt war zu prüfen. Wenn das Berufungsgericht über die von der Klägerin beantragte Vernehmung ihrer Mutter mit der Begründung hinwegging, daß dieser angesichts ihres früheren Verhaltens doch nicht geglaubt werden könne, erklärte das Reichsgericht das für nicht statthaft. Zur Frage der Beweislast bemerkte das Reichsgericht: Die Klägerin war für ihre Behauptung voll beweispflichtig. Sie konnte der Pflicht durch den Nachweis genügen, daß ihre Mutter während der Empfängniszeit nur mit dem Beklagten geschlechtlich verkehrt hatte. Dessen bedurfte es aber nicht in jedem Fall. Der Nachweis, daß die Klägerin trotz mehrfachen Verkehrs ihrer Mutter mit verschiedenen Männern vom Beklagten abstammte, konnte auch auf erbbiologischen Wege erbracht werden, und zwar vor allem durch eine Ähnlichkeitsprüfung, während eine Blutgruppenuntersuchung nur zu deren Unterstützung und zur Ausschaltung anderer als Erzeuger in Betracht kommender Personen von Wert sein konnte. An der früheren Auffassung, daß bei Klagen auf Feststellung der blutmäßigen Abstammung wegen der wichtigen öffentlichen Belange ein strenger Maßstab an die Beweiswürdigung anzulegen sei, hielt das Reichsgericht nicht mehr fest, nachdem das Verfahren der §§ 640 ff. ZPO. mit seinen besonderen Sicherungen für eine richtige Entscheidung als anwendbar anerkannt worden ist. Der Richter muß sich mit einem so hohen Grade von Wahrscheinlichkeit begnügen, wie er bei möglichst erschöpfender und gewissenhafter

Anwendung der vorhandenen Mittel der Erkenntnis entsteht. (IV, 11. April 1940.)

Amtl. Sammlg. S. 321—324.
Vgl. Bd. 160 S. 293; Bd. 162 S. 223; JW. 1937 S. 2222; 1938 S. 245, 1708.

55. **Dollarentwertung. Ausgleichung. Aufwertung.** (BGB. §§ 157, 242, 244, 738; HGB. § 138.) Der Teilhaber eines Unternehmens, das seine Hauptniederlassung in Prag, eine Zweigniederlassung in Berlin hatte, schied im Jahr 1926 durch Tod aus. Sein Abfindungsguthaben wurde in Tschechenkronen errechnet; die Auszahlung sollte nach einem Vertrag mit der Erbin in 20 gleichen Jahresteilen vor sich gehen. Maßgebend dafür sollte der am nordamerikanischen Dollar gemessene Kurswert der Krone sein. Seit 1931 konnten der Erbin, die in Deutschland ihren Wohnsitz hatte, die Zahlungen nicht mehr überwiesen werden. Über die Berechtigung entstand zwischen den Beteiligten Streit. Die Schuldner rechneten die in Kronen festgestellten Teilbeträge zunächst nach dem Tag der Errechnung des Guthabens in Dollars um und die sich so ergebenden Dollarbeträge nach den einzelnen Fälligkeitstagen in Kronen zurück. Da der Dollar im August 1933 von der Bindung an den Goldwert gelöst worden war und dadurch im Verhältnis zu diesem an Wert verloren hatte, ergaben sich für die folgende Zeit wesentlich geringere Beträge in Kronen. Die Gläubigerin verlangte, daß die ihr auszuzahlenden Beträge nach dem früheren Kurs des vollwertigen Dollars (Golddollars) berechnet werden sollten. Ihre Klage wurde in zwei Rechtszügen abgewiesen. Das Reichsgericht verwies die Sache zurück. Der Beurteilung wurde im Einverständnis beider Teile deutsches Recht zugrunde gelegt. Nach der Rechtsprechung des Reichsgerichts muß, wenn eine Zahlung in einer Fremdwährung ohne Bezugnahme auf den Goldwert vereinbart ist, der Gläubiger eine Entwertung dieser Fremdwährung in Kauf nehmen, auch wenn die Parteien in der Überzeugung von der Festigkeit dieser Fremdwährung gerade diese als Wertmesser gewählt haben, um sich gegen Schwankungen der eigenen Währung zu sichern. Ist die Goldklausel nicht zum Vertragsinhalt erhoben, obwohl das beabsichtigt war, so liegt nur ein Irrtum im Beweggrunde vor, der außer Beachtung bleibt. Es konnte also nur dar-

auf ankommen, ob gleichwohl im vorliegenden Falle die Sicherung durch fremde Währung als Goldsicherung aufgefaßt werden konnte. Der Vertrag, auf Grund dessen die Berechnung erfolgte, enthielt seinem Wortlaut nach keinen Hinweis irgendwelcher Art auf den Goldwert; die Klägerin hatte auch nicht behauptet, daß bei den Verhandlungen vom Goldwert die Rede gewesen war. Deshalb war es jedenfalls im Ergebnis nicht zu beanstanden, wenn das Berufungsgericht den Börsendollar (Notierung Prag) als den allein vereinbarten Wertmesser ansah. Eine Aufwertung hatte das Berufungsgericht abgelehnt, weil sie eine wesentlich stärkere Entwertung voraussetze, als sie der amerikanische Dollar erlitten hatte. Das entsprach der Rechtsprechung des Reichsgerichts. Einen Ausgleichsanspruch hatte das Berufungsgericht deshalb für unbegründet erklärt, weil er nur bei gegenseitigen Verträgen gewährt werden könne, bei denen eine Verschiebung des Verhältnisses zwischen Leistung und Gegenleistung einen Ausgleich gebiete. Dieser Auffassung trat das Reichsgericht entgegen. Der auf Treu und Glauben gestützte Ausgleichsanspruch ist in der Rechtsprechung bei gegenseitigen Verträgen dann gewährt worden, wenn sich infolge einer wesentlichen Veränderung der Geschäftsgrundlage bei noch nicht beiderseits abgewickelten Verträgen das Gleichgewicht zwischen Leistung und Gegenleistung so erheblich verschoben hat, daß es als mit Treu und Glauben nicht vereinbar erscheint, wenn der Zahlungspflichtige den Berechtigten mit einer Gegenleistung abfinden könnte, die dessen Leistung in keiner Weise entspräche. Eine den Ausgleichsanspruch rechtfertigende Gleichgewichtsverschiebung kann durch das unerwartete, auf gesetzlichem Eingreifen beruhende Absinken einer ausländischen Währung entstehen, wenn diese wegen ihrer vermeintlichen Unerschütterlichkeit von den Vertragschließenden zum Gegenstande des Vertrages gemacht worden ist. Im vorliegenden Falle bildeten die zu leistenden Zahlungen die vertragliche Gegenleistung für das Ausscheiden des Rechtsvorgängers der Klägerin aus dem Geschäftsunternehmen der Beklagten und für die Überlassung seines Geschäftsanteils an diese; dem Zahlungsanspruch stand also eine Sachleistung gegenüber. Wenn auch bisher der Ausgleichsanspruch vorwiegend auf dem Gebiete des Warenverkehrs

Anerkennung gefunden hat, besteht doch keine Veranlassung, ihn auf diesen zu beschränken. Diese Frage war noch zu prüfen. Es kam dabei besonders auf das Maß an, in dem der Börsendollar infolge seiner Loslösung vom Goldwert an den einzelnen Auszahlungstagen im Vergleich zum Golddollar entwertet war; auch konnte ins Gewicht fallen, ob, wie die Klägerin behauptet hatte, die im Betriebe verblieben Gesellschafter seit dem Jahr 1926 ganz außerordentliche Vermögenssteigerung erfahren hatten. (II, 20. April 1940.)

Amtl. Sammlg. S. 324—335.

Vgl. Bd. 141 S. 212; Bd. 145 S. 51; Bd. 147 S. 286; Bd. 154 S. 167; Bd. 155 S. 133; JW. 1937 S. 2823.

56. **Ehescheidung. Verschulden.** (EheG. §§ 60, 61; Öst. ZPO. §§ 462, 497; Öst. JustMinVO. vom 9. Dezember 1897 §§ 8, 10, 11.) Eine Frau klagte auf Scheidung; der Mann erhob Widerklage auf Scheidung aus Verschulden der Klägerin. Das Landgericht gab der Klage statt und wies die Widerklage ab. Auf die Berufung des Beklagten, mit der dieser Scheidung wegen beiderseitigen Verschuldens verlangte, wies das Berufungsgericht das Scheidungsbegehren beider Parteien ab. Die Revision des Beklagten hatte Erfolg. Nach österreichischem Recht wird das Verschulden losgelöst vom Scheidungsgrund als das zurechenbare ehewidrige Verhalten eines Ehegatten betrachtet, das zur Lösung der Ehe führte. Über solches Verschulden hat das Gericht ohne, ja sogar gegen den Parteiantrag von Amts wegen zu entscheiden. Das Großdeutsche Eherecht weicht hievon ab. Bei der Scheidung der Ehe aus Verschulden (§§ 47—49 EheG.) liegt der Grund der Scheidung im Verschulden eines Ehegatten; dieses bildet ein Tatbestandsmerkmal des Scheidungsgrundes. Das Ehegesetz regelt selbst den Schuldausspruch des Gerichts mit Geltung auch für Österreich, je nachdem die Scheidung wegen Verschulden (§ 60) oder aus anderen Gründen (§ 61) ausgesprochen wird. Stets bedarf es zur Aufrollung der Verschuldungsfrage einer Veranlassung durch eine Partei in der Form der Klage, der Widerklage oder eines schlichten Schuldantrags. Nur im Falle der Abwägung beiderseitigen Verschuldens ist ein solcher Antrag nicht notwendig und ist die Erörterung auch auf Umstände auszudehnen, die nicht Schei-

dungsgründe aus Verschulden bilden, sind also alle Umstände zu berücksichtigen (§ 60 Abs. 2 EheG.). Das Berufungsgericht hatte also das angefochtene Urteil nur im Rahmen der Berufungsanträge zu überprüfen. Hat eine Partei sich bei dem ihr Verschulden aussprechenden Urteil beruhigt und sich nur darüber beschwert, daß die Ehe nicht auch aus dem Verschulden des anderen Teils geschieden wurde, so ist es dem Berufungsgericht versagt, von Amts wegen auch auf die Frage des eigenen Verschuldens dieser Partei und damit sachlich auf den Scheidungsgrund des Gegners einzugehen. (IV, 22. April 1940.)

Amtl. Sammlg. S. 335—338.

57. **Ehescheidung. Ehezerrüttung. Geistige Störung. Geisteskrankheit. Widerspruch.** (EheG. §§ 49, 50, 55, 56.) Ein Mann war wegen geistiger Störungen mehrere Monate in einer Heil- und Pflegeanstalt untergebracht worden. Nach seiner Rückkehr kam es zu Streitigkeiten zwischen ihm und seiner Ehefrau; diese trennte sich von ihm. Eine von ihm erhobene Scheidungsklage wurde abgewiesen, weil ein Verschulden der Frau nicht nachzuweisen war; eine Klage auf Wiederherstellung der ehelichen Gemeinschaft blieb erfolglos, weil der Beklagten wegen des krankhaft übersteigerten Geschlechtstriebs des Klägers und wegen verschiedener Verfehlungen die Wiederherstellung der Ehe nicht zuzumuten sei. Nachdem die Trennung drei Jahre gedauert hatte, klagte der Mann auf Scheidung der Ehe aus Alleinverschulden der Frau. Diese widersprach der Scheidung und beantragte Abweisung der Klage. Das Berufungsgericht schied die Ehe ohne Schuldausspruch. Die Revision der Frau führte zur Zurückverweisung. Daß die Voraussetzungen des § 55 Abs. 1 EheG. vorlagen, hatte das Berufungsgericht rechtsirrtumfrei festgestellt; weiter hatte es schwere Verfehlungen des Klägers als erwiesen angesehen, auf welche die Zerrüttung der Ehe zurückzuführen war. Gleichwohl hatte es den Widerspruch der Frau zurückgewiesen, weil dem Kläger wegen seiner geistigen Störungen eine volle Verantwortlichkeit nicht zuzumessen sei. Das erklärte das Reichsgericht für falsch. Das Fehlen voller Verantwortlichkeit, um das es sich nach dem vom Berufungsgericht zugrunde gelegten Sachverständigengutachten handelte, bedeutete nur eine geminderte Zurechnungsfähigkeit, schloß also ein Verschulden

nicht aus. Allerdings kann auch eine bloße Minderung der Zurechnungsunfähigkeit von Bedeutung sein, insofern sie das schuldhafte Verhalten in milderem Lichte erscheinen läßt; doch ist zu beachten, daß das Recht an jeden, dessen freie Willensbestimmung nicht ausgeschlossen ist, die Anforderung stellt, sich soweit als möglich zusammenzunehmen, um seiner Stimmung Herr zu werden. Die geistige Störung des Klägers stand also dem Widerspruch der Frau gegen die Scheidungsklage nicht entgegen. Nur war zu prüfen, ob mit Rücksicht auf diese Störung sein schuldhaftes Verhalten noch als die alleinige oder überwiegende Ursache der Ehezerrüttung angesehen werden konnte, wobei auch das Verhalten des anderen Ehegatten in Betracht zu ziehen war. Das Reichsgericht fügte der Entscheidung noch allgemeine Bemerkungen über die Ehezerrüttung hinzu. Diese besteht darin, daß bei einem der Ehegatten oder bei beiden durch Verfehlungen oder durch ein nicht schuldhaftes, weil auf geistiger Störung beruhendes Verhalten des anderen Ehegatten oder durch Ereignisse oder Verhältnisse, die keine Schuld bedeuten und mit der Person des anderen Ehegatten nicht einmal zusammenzuhängen brauchen, die eheliche Gesinnung zerstört, also eine völlige innere Entfremdung eingetreten ist, die es dem Ehegatten unmöglich macht, fernerhin dem anderen Ehegatten die ihm nach dem Wesen der Ehe geschuldete Liebe und Achtung entgegenzubringen. Hiebei handelt es sich nicht um einen rechtsgeschäftlichen, sondern um einen rein inneren, dem Seelen- und Empfindungsleben angehörigen Vorgang, der nicht die Geschäftsfähigkeit des betreffenden Ehegatten voraussetzt, wohl aber das geistige Vermögen erfordert, das Wesen der Ehe richtig zu würdigen und das Verhalten des anderen Ehegatten oder eine sonstige Tatsache als einen Hinderungsgrund gegen die Fortsetzung der Ehe zu empfinden. Die hiezu erforderlichen geistigen Fähigkeiten können auch bei einem Geisteskranken vorhanden sein. Hat aber die geistige Erkrankung einen solchen Grad erreicht, daß dem Ehegatten das Verständnis für das Wesen der Ehe verloren gegangen ist und er infolgedessen auch kein Empfinden für die zur Herbeiführung der Ehezerrüttung geeigneten Tatsachen haben kann, so kann ihm auch ein Scheidungsanspruch auf Grund der §§ 49, 50, 55 Ehe-

G. nicht erwachsen. Anders ist die Sachlage dann, wenn die für die Zerrüttung der Ehe ursächlichen Tatsachen zwar zu einer Zeit eingetreten sind, als der Scheidungskläger infolge seines geistigen Zustandes nicht fähig war, sie als solche zu empfinden, wenn sich aber sein Zustand dann gebessert hat und er die eingetretene Zerrüttung der Ehe nunmehr empfindet. In einem solchen Falle besteht kein Grund mehr, ihm den Scheidungsanspruch zu versagen. Kann in Fällen dieser Art dem Scheidungskläger das Verhalten, durch das er die Zerrüttung herbeigeführt hat, nicht zum Verschulden angerechnet werden, so muß dem Scheidungsbeklagten das Recht zugestanden werden, der Scheidung zu widersprechen, wenn die Zerrüttung durch das Verhalten des Scheidungsklägers ganz oder überwiegend herbeigeführt worden ist; ein solches Verhalten muß der schuldhaften Verursachung gleichgestellt werden. Die Versagung des Widerspruchsrechts würde zu einem in hohem Maße unbilligen Ergebnis führen können. (IV, 4. Mai 1940.) Amtl. Sammlg. S. 338—344. Vgl. Bd. 103 S. 327; Bd. 159 S. 307; Bd. 160 S. 104; JW. 1936 S. 865.

58. **Ehescheidung. Geisteskrankheit. Zerrüttung. Schuldantrag.** (EheG. §§ 51, 55, 56, 61; ZPO. § 612.) Eine Frau erkrankte an Schizophrenie. Die Aufhebungsklage des Ehemanns wurde als verspätet erhoben abgewiesen, der Scheidungsklage auf Grund des § 51 EheG. unter Ablehnung des von der Beklagten gestellten Schuldantrags stattgegeben. Gegen das Urteil legte nur die Beklagte Berufung ein. Im zweiten Rechtsgang erhob sie Widerklage mit dem Antrag, die Ehe wegen Verschulden des Klägers zu scheiden; das Verlangen wurde auf Ehebruch des Klägers gestützt. Die Berufung wurde zurückgewiesen. Das Reichsgericht hob das Urteil auf und änderte das Urteil des Landgerichts dahin ab, daß den Kläger ein Verschulden treffe; die Widerklage wurde als unzulässig abgewiesen. Da die Beklagte geschäftsunfähig war, hätte es zur Erhebung der Widerklage durch den gesetzlichen Vertreter der Genehmigung des Vormundschaftsgerichts bedurft; diese war nicht beigebracht worden. Zulässig blieb aber der von der Beklagten gestellte Schuldantrag. Das Berufungsgericht hatte angenommen, daß der Scheidungsanspruch der Beklagten aus § 47 EheG. nach § 56 aus-

geschlossen sei, weil zur Zeit des Ehebruchs die Ehe der Parteien durch die Geisteskrankheit der Beklagten so tief und unheilbar zerrüttet war, daß der Ehebruch des Klägers von der Beklagten nicht mehr als ehestörend empfunden werden konnte, der Beklagten auch infolge ihrer Erkrankung jedes Auffassungsvermögen für die Bedeutung der Handlungsweise des Klägers fehlte. Diese Begründung erklärte das Reichsgericht für rechtsirrig. Wenn das Berufungsgericht annahm, daß die Ehe der Parteien durch die geistige Erkrankung der Frau unheilbar zerrüttet war, so konnte das nur bedeuten, daß die eheliche Gesinnung des Klägers durch die Erkrankung der Frau zerstört war; daraus ließ sich aber nicht der Schluß ziehen, daß auch die eheliche Gesinnung der Beklagten völlig erloschen war. Wenn allerdings der Beklagten infolge ihrer geistigen Erkrankung jedes Auffassungsvermögen für die Bedeutung der Handlungsweise des Klägers fehlte, so war die Vorschrift des § 56 EheG. von vornherein unanwendbar. Sie setzt voraus, daß der verletzte Ehegatte in der Lage ist, die Verfehlung des anderen Ehegatten als solche zu werten. Ob der Ehebruch des Klägers ehezerrüttend gewirkt hatte, machte nichts aus, da der Ehebruch als absoluter Scheidungsgrund beibehalten ist. (IV, 20. Juni 1940.)

Amtl. Sammlg. S. 344—348.

Vgl. Bd. 160 S. 104; Bd. 162 S. 92; Bd. 163 S. 246, 338.

59. **Unentgeltliche Besitzerlangung. Fruchtziehung. Ungerechtfertigte Bereicherung.** (BGB. §§ 816, 818, 988, 990, 993.) Ein Rittergut wurde verkauft und den Käufern übergeben; von dem Kaufpreis wurde ein Teil bezahlt. Einige Monate später wurde der Kauf wegen Geistesschwäche des Verkäufers für nichtig erklärt. Zu einer Auflassung und Umschreibung war es nicht gekommen. Die Käufer räumten die Grundstücke, weigerten sich aber, den Preis für die inzwischen gezogene Ernte herauszugeben. Sie wurden in zwei Rechtszügen dazu verurteilt. Die Revision wurde dem Großen Senat für Zivilsachen vorgelegt, weil in früheren Entscheidungen des Reichsgerichts eine andere Auffassung vertreten war. Nunmehr wurde entschieden, daß ein Grundstückskäufer, dem der Verkäufer das Grundstück übergeben hat, den Besitz daran im Sinne des § 988 BGB. unentgeltlich erlangt hat, wenn der Kaufvertrag nichtig ist. Bei nichtigem Verkauf,

aber gültiger Übereignung, kann der ursprüngliche Eigentümer nach den Vorschriften über die ungerechtfertigte Bereicherung von dem Sachbesitzer die Herausgabe oder den Wert nicht nur der Sache selbst, sondern auch der daraus gezogenen Nutzungen verlangen (§ 818 BGB.). Es kann darum nicht der Wille des Gesetzes sein, daß dann, wenn nicht nur der Verkauf, sondern auch die Übereignung rechtsunwirksam ist, der Besitzer also eine schlechtere Rechtsstellung erlangt hat, der Eigentümer ihm gleichwohl die in gutem Glauben an sein Besitzrecht gezogenen Sachnutzungen sollte belassen müssen. Wer den Besitz einer Sache durch eine gültige Schenkung, also mit rechtlichem Grund, erlangt hat, ohne Eigentümer geworden zu sein, ist nach § 988 BGB. verpflichtet, dem Eigentümer die Nutzungen, die er aus der Sache in gutem Glauben an sein Recht zum Besitz gezogen hat, nach den Vorschriften über die ungerechtfertigte Bereicherung herauszugeben. Es ist nichts ersichtlich, was es rechtfertigen könnte, auch denjenigen, der etwas ohne rechtlichen Grund erlangt hat, vor einem Geschenknehmer zu bevorzugen. Entgeltlichkeit und Unentgeltlichkeit bedeuten keine rein tatsächlichen Eigenschaften, sondern Bezeichnungen für besondere Rechtslagen. Unentgeltlicher Erwerb ist etwas wesentlich anderes als kostenloser Erwerb. Ein Erwerb kann unentgeltlich sein trotz erheblicher dafür gemachter Aufwendungen (Beurkundungskosten, Reisegeld, Anwaltsgebühren u. ä.); er kann entgeltlich sein, auch wenn der Erwerber dafür nichts aufwendet, (z. B. weil er nichts hat). Entgeltlich ist ein Erwerb, wenn er kraft Gesetzes oder kraft rechtsgeschäftlicher Bestimmung abhängig ist von einer als Ausgleichung aufgefaßten eigenen Zuwendung in dem Sinne, daß er nur zusammen mit dieser endgültig sein soll; unentgeltlich ist ein Erwerb, der von einer solchen Zuwendung nicht abhängig sein soll. Durch ein nichtiges Rechtsgeschäft kann eine solche Abhängigkeit weder begründet noch ausgeschlossen werden. Neben den Fällen des entgeltlichen und des unentgeltlichen Erwerbs in diesem ursprünglichen Sinne stehen jene des rechtsgrundlosen, ungerechtfertigten Erwerbs als eine selbständige, dritte Gruppe. In einem Zusammenhang aber, in dem es allein darauf ankommt, ob der Erwerb in seiner Endgültigkeit von einer ausgleichenden Zuwendung abhängt, in dem es aber belanglos ist, ob rechtswirksam feststeht, daß er davon nicht abhängen soll, oder ob es an einer gültigen Bestimmung hierüber fehlt und der Erwerb darum der Endgültigkeit ermangelt, kann es nicht verwehrt sein, die Fälle rechtsgrundlosen Erwerbs mit den Fällen unentgeltlichen Erwerbs im eigentlichen Sinne zu einer Gruppe zusammenzufassen und den Fällen entgeltlichen Erwerbs als solche unentgeltlichen Erwerbs im weiteren Sinne gegenüberzustellen. Eine solche Sachlage ist auch bei der Bestimmung des § 988 BGB. gegeben. In den Fällen unentgeltlicher Besitzerlangung ist die Bereicherungshaftung des Besitzers gegenüber dem Eigentümer für die gezogenen Nutzungen dort zweifelsfrei angeordnet, also vom Gesetzgeber für angemessen erachtet worden. Daß die gleiche Mindesthaftung des Besitzers aber auch für die Fälle ungerechtfertigter Besitzerlangung der dem Gesetz zugrunde liegenden Wertung und Abwägung der in Betracht kommenden widerstreitenden Belange entspricht, ergibt überzeugend der Vergleich mit der Rechtslage in den Fällen, wo nicht nur der Besitz, sondern auch das Eigentum ohne Rechtsgrund an den Besitzer gekommen ist. Das spricht entscheidend dafür, daß das Gesetz unter unentgeltlicher Besitzerlangung auch den rechtsgrundlosen Besitzerwerb mitverstanden wissen will. (Großer Senat für Zivilsachen, 30. Januar 1940.)

Amtl. Sammlg. S. 348—361.

Vgl. Bd. 101 S. 307; Bd. 105 S. 246; Bd. 106 S. 149; Bd. 129 S. 207; Bd. 133 S. 283; Bd. 137 S. 206; Bd. 141 S. 310; Bd. 157 S. 132; JW. 1937 S. 2519, 3158.

60. **Nebenintervention. Streitgenossenschaft.** (ZPO. §§ 66, 71, 295.) Ein Radfahrer stieß mit dem Anhänger eines ihm begegnenden Lastzuges zusammen und wurde so schwer verletzt, daß er bald nachher starb. Der Unfall war dadurch entstanden, daß der Anhänger sich vom Wagen losgelöst hatte; Ursache hievon war ein Fehler in der Verbindung des Anhängers mit dem Wagen gewesen. Der Anhänger war kurz zuvor geliefert worden. Die Erben des Verunglückten erhielten von der zuständigen Berufsgenossenschaft eine Rente zuerkannt. Sie klagten gegen den Halter des Kraftwagens und gegen die Lieferanten des Anhängers auf weiteren Schadenersatz. Das Landgericht verurteilte beide Beklagte, den Erstbeklagten

aber nur im Rahmen des Kraftfahrzeuggesetzes. Der Zweitbeklagte legte Berufung ein, schloß sich weiter den Klägern als Streitgenosse an und legte auch für diese Berufung gegen den Erstbeklagten ein mit dem Antrag, diesen, falls er selbst verurteilt würde, als Gesamtschuldner mit ihm in gleicher Höhe zu verurteilen. Die Kläger nahmen die für sie eingelegte Berufung erst nach Ablauf der Berufungsfrist auf, stellten aber keine Anträge. Das Berufungsgericht erklärte durch Teilurteil die vom Zweitbeklagten für die Kläger als deren Streitgehilfe eingelegte Berufung und deren Aufnahme durch die Kläger als unzulässig. Die Revision der Kläger und ihres Streitgehilfen führte zur Zurückverweisung. Da die Kläger die Berufung des Streitgenossen erst nach Ablauf der Berufungsfrist aufgenommen hatten, konnten ihre Erklärungen nicht als selbständige Berufung anerkannt werden. Es handelte sich also darum, ob der Zweitbeklagte berechtigt war, sich den Klägern als Streitgenosse anzuschließen und für sie Berufung gegen den Erstbeklagten einzulegen. Das Berufungsgericht hatte nicht verkannt, daß er ein rechtliches Interesse daran hatte, daß die Kläger gegenüber dem Erstbeklagten mit ihren Ansprüchen obsiegten, weil davon abhing, ob und wieweit er im Falle seiner eigenen Verurteilung einen Ausgleichsanspruch gegen den Erstbeklagten geltend machen konnte. Es hatte ausdrücklich anerkannt, daß der Zweitbeklagte, wenn er in einem selbständigen Rechtsstreit verklagt worden wäre, den Klägern als Streitgenosse hätte beitreten können. Nachdem aber die beiden Beklagten gemeinschaftlich verklagt worden waren und die Grundlagen der Klage sich in weitem Umfange deckten, sah das Berufungsgericht in der Zulassung des Zweitbeklagten als Streitgehilfen der Kläger eine Gefahr, daß er mit seinen eigenen Erklärungen in Widerspruch gerate und daß dadurch die Parteirollen unklar würden. Weiter hatte das Berufungsgericht angenommen, daß die Frage der Zulässigkeit von Amts wegen zu prüfen sei. Das Reichsgericht trat dieser Auffassung nicht bei. Nach allgemeiner Annahme besteht kein Bedenken gegen einen Verzicht der Parteien auf die Befolgung der Formvorschriften über den Beitritt zum Rechtsstreit (§ 70 ZPO.) und auf das Vorliegen eines rechtlichen Interesses des Beitretenden an dem Obsiegen der

Partei, die er unterstützen will (§ 66 ZPO.). Darnach liegt aber auch kein Grund vor, den Parteien die Befugnis zum Verzicht auf die Befolgung der Vorschrift zu versagen, wonach der Rechtsstreit zwischen anderen Personen anhängig sein muß (§ 66 ZPO.). Jedenfalls braucht, wenn die Parteien nichts dawider haben oder ihr Rügerecht erloschen ist, der Beitritt nicht im öffentlichen Interesse beanstandet zu werden, da seine Zulassung ein geordnetes Verfahren nicht hindert. Die Möglichkeit, daß der Streitgehilfe mit den Erklärungen der von ihm unterstützten Partei in Widerspruch gerät, schneidet das Gesetz dadurch ab, daß es dem Streitgenossen das Recht, Prozeßhandlungen wirksam vorzunehmen, nur mit der Einschränkung gewährt, insoweit nicht seine Erklärungen und Handlungen mit Erklärungen und Handlungen der Hauptpartei im Widerspruch stehen. Die Möglichkeit aber, daß der Zweitbeklagte bei seinem Auftreten als Streitgehilfe mit den Erklärungen in Widerspruch kam, die er in seinem eigenen Streit mit den Klägern für sich selbst abgab, konnte hingenommen werden, da Widersprüche in den Erklärungen einer Partei auch sonst vorkommen; die Partei muß es sich gefallen lassen, wenn das Gericht aus solchen Widersprüchen für sie ungünstige Schlüsse wegen der Zuverlässigkeit ihrer Erklärungen zieht. (VI, 13. März 1940.) Amtl. Sammlg. S. 361—367. Vgl. Bd. 15 S. 396; Bd. 42 S. 401; Bd. 151 S. 210.

61. **Zwischenstaatliches eheliches Güterrecht.** (EGzBGB. Art. 14, 15, 27.) Ein Belgier schloß im Jahr 1922 in Berlin die Ehe mit einer Deutschen. Er betrieb in den folgenden Jahren mit seiner Frau in Berlin einen Großhandel mit Butter, Käse und Eiern. Die Frau arbeitete die ganze Zeit über in dem Geschäft mit und nahm mit ihrer vollen Kraft an seinem Ausbau teil. Im Handelsregister war das Geschäft nicht eingetragen. Bei der Gewerbepolizei war es nur auf den Namen des Mannes angemeldet. Im Jahr 1937 schlossen die Eheleute vor einem Notar einen Vertrag, durch den sie die Verwaltung und Nutznießung des Mannes an dem Vermögen der Frau ausschlossen und anerkannten, daß sie an dem ganzen Geschäft mit allen dazugehörigen Sachen und Rechten je zur Hälfte beteiligt seien; der Ehemann verpflich-

tete sich, das Geschäft auch auf den Namen der Frau anzumelden. Diesen Vertrag focht der Ehemann wegen arglistiger Täuschung und Irrtums an, indem er behauptete, er habe erst nachträglich erfahren, daß seine Frau aus den Einnahmen des Geschäfts mehr als 10000 RM beiseite geschafft habe. Die Anfechtung des Vertrags begründete er auch damit, daß er bei dessen Abschluß mit der Fortdauer seiner Ehe gerechnet habe; diese sei aber infolge fortgesetzten Ehebruchs der Frau in die Brüche gegangen. Mit Rücksicht auf die Verfehlungen der Frau kündigte er auch das Gesellschaftsverhältnis fristlos. Mit der Klage beantragte er, festzustellen, daß der Vertrag vom Jahr 1937 nichtig sei. Die Frau erhob Widerklage mit dem Antrag, den Kläger zu verurteilen, sie bei der Gewerbepolizei als Mitinhaberin des Geschäfts anzumelden. Das Landgericht wies die Klage ab und gab der Widerklage statt. Der Kläger legte Berufung ein und beantragte festzustellen, daß zwischen den Parteien ein gesellschaftsrechtliches Verhältnis an dem auf seinen Namen betriebenen Geschäft nicht bestehe. Die Frau schloß sich der Berufung an; sie beantragte Feststellung, daß ihr auf Grund der Auseinandersetzung über das aus dem gemeinsam betriebenen Geschäft stammende Vermögen sowie aus den Einkünften des Geschäfts ein Anteil von 50% zustehe; ihre Widerklage hielt sie nicht mehr aufrecht. Das Berufungsgericht wies die Anschlußberufung der Beklagten zurück, erklärte die Widerklage für erledigt und stellte auf die Berufung des Klägers fest, daß zwischen den Parteien ein gesellschaftsrechtliches Verhältnis an dem Geschäft nicht bestehe; im übrigen wies es auch die Berufung zurück. Die Revision der Beklagten führte zur Aufhebung und Zurückverweisung. Für die Beurteilung der güterrechtlichen Verhältnisse der Parteien kam das Haager Abkommen vom 17. Juli 1905 nicht in Betracht, weil es schon vor der Eheschließung der Parteien außer Kraft getreten war. Nach Art. 15 EGzBGB. sind, wenn ausländische Ehegatten ihren Wohnsitz im Inland haben, für das eheliche Güterrecht die Gesetze des Staates maßgebend, dem der Mann zur Zeit der Eheschließung angehörte. Nach belgischem Recht tritt der am Orte des ersten Ehewohnsitzes geltende Güterstand ein. Das Berufungsgericht hatte hienach deutsches Recht zur Anwendung gebracht und das auch damit begründet, daß dies dem Willen der Parteien entsprochen habe; der Kläger habe in Deutschland geheiratet, sich stets in Deutschland aufgehalten und hier gemeinsam mit der Beklagten, die von Geburt Deutsche war, sein Geschäft errichtet. Das Reichsgericht erklärte, daß hiegegen keine Bedenken zu erheben seien. Die Frage, ob die Gültigkeit des zwischen den Parteien geschlossenen Gesellschaftsvertrags aus dem Gesichtspunkt des ehelichen Güterrechts oder aus dem der persönlichen Rechtsbeziehungen zu würdigen sei, hatte das Berufungsgericht im zweiten Sinne beantwortet. Nach der belgischen Rechtsprechung sind Gesellschaftsverträge zwischen Ehegatten nichtig. Das Reichsgericht erklärte die Auffassung des Berufungsgerichts für rechtsirrig. Das Verbot der Ehegattengesellschaft stellt eine das eheliche Güterrecht betreffende Rechtsvorschrift dar. Dafür spricht schon die Erwägung, daß ein Erwerbszwecken dienender gemeinschaftlicher Geschäftsbetrieb an sich lediglich dem vermögensrechtlichen Gebiete angehört und die persönlichen Rechtsbeziehungen der Ehegatten nur mittelbar beeinflußt. Demgemäß war das Verbot im vorliegenden Falle unanwendbar. Auf Grund der neuen Verhandlung hatte das Berufungsgericht abschließend dazu Stellung zu nehmen, ob und auf welche Weise zwischen den Parteien ein Gesellschaftsverhältnis zustande gekommen war und welche Wirkung der Anfechtung des Vertrags durch den Kläger zukam. Mit seinem auf Feststellung der Nichtigkeit des Vertrags gerichteten Antrag war der Kläger zwar vom Berufungsgericht abgewiesen worden, ohne daß er dagegen ein Rechtsmittel einlegte. Sein im zweiten Rechtsgang gestellter, auf Feststellung des Nichtbestehens eines Gesellschaftsverhältnisses gerichteter Antrag umfaßte aber als der weitergehende auch den Fall, daß das Gesellschaftsverhältnis infolge wirksamer Anfechtung oder auch wegen Formmangels als nicht bestehend anzusehen sei. Das Reichsgericht verwies auch darauf, daß nach der Rechtsprechung der belgischen Gerichte Gesellschaftsverhältnisse zwischen Ehegatten nicht schlechthin nichtig sind, daß vielmehr eine Abwicklung einer immerhin tatsächlich bestehenden Gesellschaft stattzufinden hat. Auch bei Zugrundelegung deutschen Rechts kann die Ansicht, daß ein nichtiger Gesellschaftsvertrag, auch wenn er schon in Vollzug gesetzt ist, ohne jegliche Wirkung sei und nur Bereicherungsansprüche erzeugen könne, nicht als richtig anerkannt werden; er hat jedenfalls tatsächlich ein Gemeinschaftsverhältnis unter den Gesellschaftern begründet, dessen Lösung in aller Regel nur im Wege der Auseinandersetzung herbeigeführt werden kann. (IV, 11. April 1940.) Amtl. Sammlg. S. 367—377.

Vgl. Bd. 36 S. 331.

62. **Anwaltsvertreter. Haftung.** (BGB. §§ 278, 611, 664; RAO. a. F. § 25.) Für einen Rechtsanwalt war ein Gerichtsassessor als Gesamtvertreter amtlich bestellt. Er wurde für ein Versehen, das dieser sich hatte zuschulden kommen lassen, in Anspruch genommen. Die Klage drang durch. Die Vertretung geschah noch unter der Geltung der alten Rechtsanwaltsordnung. In der Regel wählt sich eine Partei ihren Anwalt als den Mann ihres Vertrauens, bei dem sie ihre Sache in guten Händen weiß. Selbstverständlich muß sie es hinnehmen und wird auch regelmäßig damit rechnen, daß sich der Anwalt bei zeitweiliger Verhinderung in der Berufsausübung nach der Rechtsanwaltsordnung vertreten läßt; sie baut aber doch regelmäßig darauf, daß ihr gegenüber der Anwalt die Verantwortung für eine ordnungsmäßige Behandlung ihrer Rechtssache weiter trägt. Allgemein betrachtet sich auch ein zeitweise verhinderter Anwalt, dem ein Vertreter bestellt worden ist, für die ihm anvertrauten Sachen selbst weiter als den wirklichen Geschäftsführer. Der Gesamtvertreter wird regelmäßig nicht in eigenem Namen tätig, sondern übt im Namen des Anwalts dessen Berufstätigkeit aus. Die auf den Anwalt ausgestellten Vollmachten bleiben wirksam; für den Vertreter werden in aller Regel keine besonderen Vollmachten erteilt. Der Anwalt bleibt an sich befugt, trotz Bestellung eines Gesamtvertreters Rechtshandlungen für die Parteien vorzunehmen, mag ihm auch die Standespflicht darin Beschränkungen auferlegen. Der Vertreter hat gleichsam die Stellung eines gesetzlichen Vertreters. Da der Schuldner ein Verschulden seines gesetzlichen Vertreters in gleichem Umfang wie eigenes Verschulden zu vertreten hat, muß auch die Haftung des vertretenen

Anwalts bei Verschulden eines Gesamtvertreters ebenso gestaltet sein. (III, 19. April 1940.)

Amtl. Sammlg. S. 377—380.

Vgl. Bd. 78 S. 310; Bd. 161 S. 68.

63. Ehescheidung. Widerspruch. Herstellungsklage. (EheG. § 55; BGB. §§ 1353, 1360, 1361.) Die Parteien, die beide 1876 geboren waren, hatten 1906 miteinander die Ehe geschlossen. Kinder gingen aus ihr nicht hervor. Seit 1920 lebten sie getrennt. Der Ehemann unterhielt ein eheähnliches Verhältnis mit einer geschiedenen Frau. Er klagte auf Scheidung der Ehe aus § 55 EheG. Die Frau widersprach, beantragte hilfweise, den Kläger für den schuldigen Teil zu erklären, und erhob Widerklage auf Wiederherstellung der ehelichen Gemeinschaft. Das Berufungsgericht wies die Klage ab und gab der Widerklage statt. Die Revision des Klägers hatte keinen Erfolg. Es stand fest, daß die häusliche Gemeinschaft der Parteien seit mindestens 18 Jahren aufgehoben und daß schon zur Zeit der Trennung die Ehe tiefgreifend unheilbar zerrüttet war. Das Berufungsgericht hatte weiter ausgesprochen, daß der Kläger die Zerrüttung durch sein Verhalten allein verschuldet habe. Rechtlich zutreffend war das Berufungsgericht davon ausgegangen, daß die Scheidung einer unheilbar zerrütteten Ehe die Regel bilde und daß der Wunsch des schuldlosen Ehegatten, durch das Fortbestehen der Ehe wirtschaftlich gesichert zu sein, für sich allein niemals die Grundlage dafür abgeben könne, den anderen Teil an der Ehe festzuhalten. Zur Berücksichtigung des Widerspruchs hatte die Erwägung geführt, daß die Ehe über 11 Jahre lang ungetrübt bestanden hatte, daß die Beklagte in vorgerückten Jahren, krank und erwerbsunfähig war, daß sie sich niemals etwas hatte zuschulden kommen lassen und sich trotz der schweren Eheverfehlungen des Klägers stets versöhnlich gezeigt hatte. Wenn das Berufungsgericht bei Abwägung aller Umstände zu dem Ergebnis kam, daß die Ehe trotz der völligen Zerrüttung und trotz der langen Dauer der Trennung aufrechtzuerhalten sei, hielt es sich innerhalb des ihm als Tatsachenrichter zustehenden Ermessens. Unrichtig war es allerdings, daß das Berufungsgericht für die Beachtlichkeit des Widerspruchs der Beklagten darauf Wert legte, ob die Entfremdung der Parteien und ihre Trennung schon zu einer Zeit eingetreten war, als sie noch auf der Höhe des Lebens standen und die Frau noch in der Lage war, sich einen neuen, sie auch wirtschaftlich sichernden Lebensinhalt zu schaffen. Es geht nicht an, insoweit nur auf die Zeit der Erhebung der Klage oder doch auf das Jahr 1938 abzustellen. Dann würden entweder die meisten Ehen, bei denen die Ehefrau im Jahr 1938 schon in einem höheren Lebensalter stand, nicht mehr auf Grund des § 55 EheG. geschieden werden können, weil es der Ehefrau in ihrem Alter nicht mehr zuzumuten wäre, sich auf ein neues Leben umzustellen; oder aber die Folge müßte sein, daß auch alle jene Ehefrauen, die ihre guten Jahre dem Ehegatten oder den Kindern geopfert haben und dadurch gehindert waren, sich einen neuen Lebensunterhalt zu schaffen, hinter eine neue Ehefrau zurücktreten müßten. Das eine Ergebnis würde dem Zweck des § 55 EheG. widersprechen, der ja gerade dahin geht, die Auflösung auch solcher seit langen Jahren inhaltslos gewordenen Ehen zu ermöglichen, die nach dem früheren Recht infolge Widerstrebens des schuldlosen Eheteils nicht geschieden werden konnten; das andere Ergebnis würde mit den Anschauungen von Recht und Billigkeit keineswegs im Einklang stehen. Es kann sich nur fragen, ob es unter Umständen geboten ist, dem Ehemann die Scheidung zu versagen, weil die Ehefrau in der Ehe und infolge der Ehe so schwere Opfer gebracht hat, daß, vom Standpunkt der Allgemeinheit gesehen, ihre Belange als die schutzwürdigeren erscheinen. Das aber ist in der Regel nicht der Fall, wenn die Parteien sich schon getrennt haben, als sie, namentlich die Frau, noch jung und leistungsfähig waren, weil dann nichts im Wege stand, daß sich die Frau einen neuen, sie auch wirtschaftlich sichernden Lebensinhalt hätte schaffen können. Die unrichtige Einstellung des Berufungsgerichts war aber für das Ergebnis bedeutungslos, da die Beklagte zu der Zeit, in der sie sich nach heutiger Anschauung selbständig ein neues Leben hätte aufbauen müssen, nicht mehr jung und in ihrer Erwerbsfähigkeit schon ernstlich beschränkt gewesen war. Es war also nicht zu beanstanden, wenn das Berufungsgericht zugunsten der Beklagten berücksichtigte, daß sie ihre guten Jahre, in denen sie noch kräftig und gesund war, der Ehe mit dem Kläger gewidmet hatte, und daß sie jetzt krank und erwerbsunfähig war. Es war auch rechtlich zulässig, daß das Berufungsgericht den Kläger trotz der ausdrücklichen Feststellung der unheilbaren Zerrüttung der Ehe zur Wiederherstellung der ehelichen Gemeinschaft verurteilte. Die Beklagte hatte an der richterlichen Feststellung, daß der Kläger sich rechtswidrig fernhielt, ein rechtliches Interesse, wenn auch eine Änderung des Zustandes trotz der Verurteilung des Klägers nicht zu erwarten war. In dem Verlangen, die Gemeinschaft wieder herzustellen, ist nicht schon deshalb ein Rechtsmißbrauch zu erblicken, weil dem anderen Teile die eheliche Gesinnung verloren gegangen ist. Die Klärung, ob ein Ehegatte berechtigt ist, getrennt von dem anderen zu leben, kann auch dafür von Bedeutung sein, in welcher Art und Weise der Unterhalt zu gewähren ist. (IV, 22. April 1940.) Amtl. Sammlg. S. 380—394.

Vgl. Bd. 160 S. 112, 250; Bd. 162 S. 32.

64. **Kommanditgesellschaft.** (BGB. § 707; HGB. §§ 105, 161.) Eine im Jahr 1919 gegründete Kommanditgesellschaft bestand überwiegend aus Mitgliedern zweier Familien (D. und F.). Das Geschäftskapital betrug 1 250 000 *PM*. Die Einlagen der Familie F. beliefen sich insgesamt auf 110 000 *PM*. Durch einen Beschluß der Gesellschafter wurde bestimmt, daß im Fall einer Erhöhung des Geschäftskapitals die Mitglieder der Familie F. berechtigt sein sollten, ihre Einlagen vor den übrigen Gesellschaftern bis zum Betrag von 150 000 *PM*. zu erhöhen. Im Jahr 1925 stellte die Gesellschaft ihr Geschäftskapital auf 600 000 *GM* um. In Gesellschafterversammlungen der Jahre 1933 und 1934 wurden Erhöhungen der Einlagen um je 300 000 *RM* mit der Maßgabe beschlossen, daß die Gesellschafter hierauf keine Einzahlungen zu leisten hätten, daß die Erhöhungen vielmehr aus den Gewinnen der Gesellschaft zu decken seien. Im Jahr 1936 wurde ein neuer Kommanditist mit einer Einlage von 30 000 *RM* in die Gesellschaft aufgenommen. Eine der Familie F. angehörige Frau, die an den Gesellschafterversammlungen der Jahre 1933 und 1934 nicht teilgenommen hatte, erhob im Jahr 1939 Anspruch auf Vorwegerhöhung ihrer Einlage und klagte, als ihr das verweigert wurde, gegen die Gesellschaft auf Feststel-

lung, daß ihr dieses Recht zukomme. In allen Rechtszügen wurde die Klage abgewiesen. Die Klage konnte überhaupt nicht gegen die Gesellschaft gerichtet werden. Mit ihr erstrebte die Klägerin eine stärkere Beteiligung an der Gesellschaft, als sie ihr bisher zukam. Diesen Anspruch konnte sie nur gegenüber den anderen Gesellschaftern geltend machen, soweit diese an den Beschluß vom Jahre 1919, der sich inhaltlich als ein Sondervertrag darstellte, gebunden waren. Es handelte sich nicht um Ansprüche eines Gesellschafters aus dem Gesellschaftsverhältnis, die allerdings während der Dauer der Gesellschaft nur dieser gegenüber verfolgt werden können, sondern um die Ermittlung und Abgrenzung der rechtlichen Beziehungen der Gesellschafter zueinander, in denen sich das Gesellschaftsverhältnis selbst verkörperte. Der Streit hierüber kann nur zwischen den Gesellschaftern ausgetragen werden und hat mit ihrer Zusammenfassung zur Gesellschaft nichts zu tun. Der Klägerin wäre auch nicht geholfen gewesen, wenn die begehrte Feststellung der Gesellschaft gegenüber getroffen worden wäre; diese wäre außerstande gewesen, einen der Feststellung entsprechenden Zustand herbeizuführen. Eine Wirkung des Urteils dahin, daß die Mitgesellschafter verpflichtet wären, die Feststellung auch als für sie verbindlich anzuerkennen, bestände nicht. Die Beklagte war also zu Unrecht verklagt. Das Reichsgericht nahm gleichwohl Anlaß, seinen Rechtsstandpunkt in der Sache selbst näher darzulegen. Nach der Ansicht des Berufungsgerichts sollte das der Familie F. eingeräumte Vorzugsrecht nur für eine Kapitalerhöhung gelten, an der sämtliche Gesellschafter teilnahmen; es sollte auch nur bei der ersten, dieser Voraussetzung entsprechenden Einlageerhöhung ausgeübt werden können und erlöschen, wenn die Berechtigten hiebei von ihrem Rechte keinen Gebrauch machten. Hiegegen waren keine rechtlichen Bedenken zu erheben. Die Klägerin konnte also mit ihrem Vorzugsrechte nicht mehr zum Zuge kommen, wenn sie eine der schon erfolgten allgemeinen Kapitalerhöhungen als gegen sich wirksam gelten lassen mußte. Das traf auf die in den Jahren 1933 und 1934 beschlossenen Kapitalerhöhungen zu. Die Klägerin vertrat die Auffassung, daß diese Beschlüsse, weil ohne ihre Zustimmung gefaßt, nichtig seien. Allerdings ist für die Regel ein Gesellschafter zur Erhöhung des vereinbarten Beitrags nicht verpflichtet und bedarf es seiner Zustimmung, wenn die ihm nach dem Gesellschaftsvertrag obliegende Einlage erhöht werden soll, mag die Erhöhung ihn allein oder alle Gesellschafter betreffen. Diese Vorschrift (§ 707 BGB.) ist aber nicht zwingend. Es kann im Gesellschaftsvertrag oder durch spätere Vereinbarung festgelegt werden, daß die Höhe des Beitrags auf andere Weise bestimmt werden, insbesondere der Entschließung einer Mehrheit der Gesellschafter unterliegen solle. Dazu genügt freilich nicht, daß der Gesellschaftsvertrag einen mit einer gewissen Mehrheit gefaßten Beschluß ganz allgemein als zur Abänderung des Vertrags ausreichend vorsieht; es muß deutlich gesagt sein, daß das auch für die Erhöhung der Einlagen der Gesellschafter zu gelten hat. Auch müssen, um einer solchen Bestimmung Wirksamkeit zu verleihen, gewisse Grenzen festgelegt sein, innerhalb deren sich der Erhöhungsbeschluß zu halten hat, da eine unbeschränkte Unterwerfung der Minderheit unter den Willen der Mehrheit gegen die guten Sitten verstieße. Solche Bestimmungen fehlten im vorliegenden Falle. Kapitalerhöhungen konnten also nur mit Zustimmung der davon betroffenen Gesellschafter beschlossen werden. Daß die Klägerin trotz ordnungsmäßiger Einladung den Gesellschafterversammlungen fernblieb und sich in ihnen auch nicht vertreten ließ, machte ihre Zustimmung nicht entbehrlich. Die Beschlüsse wurden aber für sie verbindlich, wenn sie ihnen nachträglich beitrat. Dazu bedurfte es der Erklärung des Einverständnisses gegenüber den Mitbeteiligten, die weder ausdrücklich zu sein brauchte noch an eine Frist gebunden war und jedenfalls solange zum Vertragsschluß führte, als jene an der unter ihnen getroffenen Einigung festhielten. Wenn der Gesellschaftsvertrag für bestimmte Gegenstände der Beschlußfassung eine Abstimmung in der Gesellschafterversammlung vorsah, erklärte sich das daraus, daß die dafür erforderten Stimmenmehrheiten nur in einer solchen ermittelt werden konnten; für Beschlußfassungen, die Einstimmigkeit erforderten, hatte das keine Geltung. Ein nachträglicher Beitritt kann nur dann zum Vertragsschluß führen, wenn er den übrigen am Vertrag Beteiligten gegenüber erklärt wird. Auch daran hatte es hier nicht gefehlt. Die Klägerin hatte jahrelang die Abrechnungen der Gesellschaft, in denen die Kapitalerhöhungen berücksichtigt waren, entgegengenommen und sich den nach den erhöhten Einlagen berechneten Gewinn auszahlen lassen; gelegentlich der Aufnahme eines neuen Gesellschafters hatte ihr Vertreter ausdrücklich von den Beschlüssen über die Erhöhung des Geschäftskapitals Kenntnis genommen. Mit der Behauptung, sie sei sich nicht bewußt gewesen, mit der Billigung der früheren Kapitalerhöhungen ihr Sonderrecht preiszugeben, konnte sie nicht gehört werden; ein Irrtum hierüber hätte möglicherweise als Grundlage für eine Anfechtung ihrer Erklärung dienen können, war aber nicht geeignet, deren Bedeutung als Beitritt zu den Beschlüssen in Frage zu stellen. (II, 13. April 1940.) Amtl. Sammlg. S. 385—395. Vgl. Bd. 91 S. 166; Bd. 120 S. 135; Bd. 128 S. 176; Bd. 151 S. 321.

65. **Beamter. Schadenersatz. Übergang. Verjährung.** (DBeamtG. § 139; BGB. §§ 209, 218.) Ein Reichsbeamter wurde durch einen Zusammenstoß seines Kraftrades mit einem Kraftwagen verletzt und erhob Klage gegen den Halter des Kraftwagens auf Schadenersatz. Sein Anspruch wurde dem Grunde nach für gerechtfertigt erklärt, außerdem die Ersatzpflicht bezüglich allen weiteren Schadens festgestellt. Das Urteil wurde am 14. Juni 1935 rechtskräftig. Mit Ablauf des 31. Dezember 1937 wurde der Beamte in den Ruhestand versetzt. Das Deutsche Reich klagte gegen den Halter des Wagens auf Ersatz der an den Beamten vom 1. Januar 1938 bis zum 28. Februar 1953 zu zahlenden Unterhaltsbezüge, sowie aller an den Beamten zu zahlenden Kosten. Die Klage drang durch. Der Beklagte hatte bestritten, daß dem Beamten, soweit er Ruhegehalt bezog, überhaupt ein Schaden entstanden sei. Diese Auffassung hatte früher auch das Reichsgericht vertreten; sie ist aber nicht mehr vereinbar mit § 139 DBeamtG., wo ausdrücklich bestimmt ist, daß der gesetzliche Schadenersatzanspruch des versorgungsberechtigten Beamten im Umfang der Versorgungsansprüche auf den Dienstherrn übergeht. Außerdem hatte der Beklagte Verjährung geltend gemacht. Das Feststellungsurteil, das der Beamte erwirkt hatte, umfaßte aber auch die jetzt vom Reiche geltend gemachten

Ansprüche. Der Beamte war berechtigt, auch insoweit auf Feststellung der Ersatzpflicht wegen des ihm künftig etwa noch entstehenden Schadens zu klagen, als es sich um den ihm durch vorzeitige Zurruhesetzung und den damit verbundenen Verlust seines Diensteinkommens entstehenden Schaden handelte. Die den Übergang auf das Reich anordnende Bestimmung des § 139 DBeamtG. stand damals der Klage auch nicht im Wege, weil sie erst am 1. Juli 1937 in Kraft trat. Die Klageerhebung des Beamten hatte also die Verjährung unterbrochen. Soweit das Reich am 1. Juli 1937 an die Stelle des Beamten trat, war dessen Schadenersatzanspruch nicht verjährt, da er nach der rechtskräftigen Feststellung der dreißigjährigen Verjährung unterlag. (VI, 24. April 1940.)

Amtl. Sammlg. S. 396—399.

Vgl. Bd. 130 S. 258; Bd. 160 S. 253.

66. **Blutmäßige Abstammung.** (ÖstABGB. § 158; Öst. ZPO. § 228.) Eine deutschblütige Frau war mit einem Juden verheiratet. Nach der Scheidung heiratete sie einen deutschblütigen Mann. Dieser klagte gegen den zur Verteidigung der ehelichen Geburt bestellten Kurator auf Feststellung, daß das während der Ehe geborene Kind von ihm erzeugt sei. Die Klage wurde in allen Rechtszügen abgewiesen. Die Frage, ob das Kind von dem früheren Ehemann seiner Mutter blutmäßig abstammte, ist von der Frage, ob es als dessen eheliches Kind zu gelten hat, durchaus verschieden. Der Familienstand ist maßgebend dafür, zu welchen Personen ein Kind in dem vom Gesetz geregelten familienrechtlichen Beziehungen steht. Mit der Frage des blutmäßigen Zusammenhangs und der Zugehörigkeit einer Person zu einer bestimmten Rasse befaßt sich das Allgemeine Bürgerliche Gesetzbuch überhaupt nicht, da die Bedeutung dieses Zusammenhangs dem Gesetzgeber nicht bewußt war, vielmehr erst die nationalsozialistische Gesetzgebung eine Reihe von einschneidenden Rechtsfolgen an diesen Zusammenhang geknüpft hat. Es kann allerdings rechtlichen Belangen dienen, daß die blutmäßige Abstammung, die wegen ihrer Rechtswirkungen als Rechtsverhältnis bezeichnet werden muß, durch ein für jedermann wirksames Urteil in solchen Fällen festgestellt wird, wo sich die blutmäßige Abstammung mit der vom Gesetz aufgestellten Annahme der

ehelichen Geburt nicht deckt. Das Reichsgericht hat in solchen Fällen eine Feststellungsklage für zulässig erachtet. Die Klage geht in ihrem Begehren weniger weit als die Klage auf Anfechtung der Ehelichkeit eines Kindes. Sie setzt wie diese, den Nachweis der Unmöglichkeit der Zeugung durch den Ehemann der Mutter voraus, will und kann aber nicht die familienrechtlichen Folgen aus dieser Feststellung ziehen. Aus dem Verhältnis der Klage auf Bestreiten der blutmäßigen Abstammung zu der Anfechtungsklage und aus der Notwendigkeit, daß das Ergebnis der Klage wie ein Urteil in Familienstandssachen Wirkung gegen jedermann besitze, ergibt sich die Notwendigkeit einer Anlehnung der Klage an die Vorschriften über die Anfechtungsklage. Die Klage ist demgemäß stets gegen einen Kurator zur Verteidigung der Abstammung des Kindes vom Ehemann der Mutter einzubringen. Dieser hat die öffentlichen Belange im Hinblick auf die Ermittlung der sachlichen Wahrheit zu vertreten und alles geltend zu machen, was gegen das Klagebegehren spricht. Dem Vater und dem Kinde steht, wenn sie nicht Prozeßpartei sind, der Beitritt als Streithelfer frei. In Anlehnung an die Vorschriften über die Anfechtung der Ehelichkeit ist auch der Kreis der zur Einbringung der Klage berechtigten Personen zu bestimmen. Danach sind in erster Reihe das Kind, um dessen Abstammung es sich handelt, und dessen gesetzlicher Vertreter zur Klage berufen, ferner der Ehemann der Mutter, wenn er an der Feststellung, daß das Kind blutmäßig nicht von ihm stammt, ein eigenes, über das Interesse des Kindes hinausgehendes Interesse hat. Andere Personen können, auch wenn sie ein eigenes Interesse an der Feststellung der blutmäßigen Abstammung einer Person haben, deren Abstammungsverhältnis mit einer bürgerrechtlichen Klage nicht angreifen. Demgemäß fehlte dem Kläger die Berechtigung zur Erhebung der Klage für den ersten Teil seines Begehrens. Im zweiten Teil verlangte er die Feststellung, daß das Kind von ihm erzeugt sei. Die Aufrollung dieser Frage setzte aber die rechtskräftige verneinende Feststellung voraus, daß der Ehemann der Mutter nicht der Erzeuger des Kindes sei. Da der Kläger diese Feststellung von sich aus nicht erreichen konnte, war die Klage auch in ihrem zweiten Teil abzuweisen. Dem

Kinde selbst blieb es unbenommen, seine Abstammung von dem Ehemanne der Mutter in einem von ihm selbst einzuleitenden Rechtsstreite zu bestreiten. (VIII, 25. April 1940.) Amtl. Sammlg. S. 399—404.

Vgl. Bd. 161 S. 325; Bd. 162 S. 113; Bd. 163 S. 90.

Gesetzesregister.

Seitenzahlen der amtlichen Sammlung.

1 1—9; **2** 9—21; **3** 21—35; **4** 35—39; **5** 40—46; **6** 46—51; **7** 51—57; **8** 57—62; **9** 62—64; **10** 65—67; **11** 68—73; **12** 73—77; **13** 77—81; **14** 82—87; **15** 87—89; **16** 90—91; **17** 91—100; **18** 100—104; **19** 104—112; **20** 112—121; **21** 121—126; **22** 127—128; **23** 129—139; **24** 139—142; **25** 142—156; **26** 156—164; **27** 164—176; **28** 176—181; **29** 181—189; **30** 189—192; **31** 193—200; **32** 200—210; **33** 210—219; **34** 219—227; **35** 228—233; **36** 233—244; **37** 244—246; **38** 246—252; **39** 252—255; **40** 255—256; **41** 257—261; **42** 261—267; **43** 267—269; **44** 269—272; **45** 273—277; **46** 277—280; **47** 280—287; **48** 287—292; **49** 292—297; **50** 297—305; **51** 305—310; **52** 311—315; **53** 315—320; **54** 321—324; **55** 324—335; **56** 335—338; **57** 338—344; **58** 344—348; **59** 348—361; **60** 361—367; **61** 367—377; **62** 377—380; **63** 380—384; **64** 385—395; **65** 396—399; **66** 399—404.

Sachregister.

FSC
www.fsc.org
MIX
Papier | Fördert gute Waldnutzung
FSC® C083411

Kolibri 360 GmbH
Ferdinand-Jühlke-Straße 7
99095 Erfurt, Deutschland
produktsicherheit@kolibri360.de